Alfred Schaer

Die altdeutschen Fechter und Spielleute

Ein Beitrag zur deutschen Kulturgeschichte

EHV
HISTORY

Alfred Schaer

Die altdeutschen Fechter und Spielleute

Ein Beitrag zur deutschen Kulturgeschichte

ISBN/EAN: 9783955643256

Auflage: 1

Erscheinungsjahr: 2013

Erscheinungsort: Bremen, Deutschland

Die altdeutschen

Fechter und Spielleute.

Ein

Beitrag zur deutschen Culturgeschichte.

Alfred Schaer

———————

EINLEITUNG.

Die Anregung zur Behandlung des vorliegenden Stoffes verdanke ich meinem hochverehrten Lehrer Herrn Prof. Dr. Ernst Martin, der schon bei verschiedenen Gelegenheiten auf die eigenartigen Zusammenhänge hingewiesen hat, welche zwischen den beiden Berufsarten der Fechter und Kämpen einerseits, der Spielleute und fahrenden Dichter und Sänger andererseits, sowohl bei ihren Kunstausdrücken als in ihrer Lebensweise bestehen. Eben diese teilweise merkwürdigen Übereinstimmungen in Lebensverhältnissen und Existenzbedingungen sind es, welche den Hauptgegenstand unserer Abhandlung zu bilden haben. Diese auffällige, auf den ersten Blick vielleicht etwas wunderbar erscheinende Gleichartigkeit der Verhältnisse glaube ich auf einen Parallelismus in der historischen Anlage, Entwicklung und endgültigen Gestaltung dieser beiden Vertreter der niedrigeren Volksklassen zurückführen zu dürfen, wie aus meiner weiteren Darstellung dieses geschichtlichen Vorganges hervorgehen soll. Den ersten Hinweis auf diese gegenseitigen Beziehungen, die zu gewissen Zeiten geradezu den Charakter einer Wechselwirkung angenommen haben, finde ich in W. Wackernagel's Geschichte der deutschen Litteratur, wo in der zweiten, von Prof. E. Martin besorgten Ausgabe (Basel 1879), in Band I, pag. 323, Anm. 7 (§ 74) und ebenda pag. 389 (§ 84) im Text, bereits davon die Rede ist. Später hat dann Prof. Martin in einem Vortrage: Die Meistersänger von Strassburg (gedruckt Strassburg 1882) neuerdings auf diese Thatsache aufmerksam gemacht; es sei mir gestattet, die betreffende Stelle hier in ihrem Wortlaute anzuführen. Nachdem der Verfasser davon gesprochen,

dass sich die Meistersänger bei der Bildung ihrer Schulen
vielfach an die alten Einrichtungen und äusseren Formen
der Disputationen und Streitgespräche der Gelehrten anzu-
schliessen pflegten, fährt er pag. 9/10 folgendermassen fort:

«Neben diesen Ausdrücken begegnen jedoch
«andere, welche auf eine frühere Verbindung hin-
«weisen, in welcher die Spielleute zusammen
«standen mit den Fechtern. Schon im frühen Mittel-
«alter begegnen wir dieser für uns widerwärtigen Menschen-
«klasse, Leuten, welche ihr Leben für Geld hingaben und
«bereit sein mussten, auf Befehl ihres Herrn mit jedem
«beliebigen anzubinden. Natürlich waren sie in der Regel
«nur mit dem Fechtunterricht betraut, welcher in ritter-
«lichen Kreisen nie fehlte. Nun finden wir in der
«Liederdichtung auch der älteren Zeit Vergleiche
«aus dem Fechterwesen. Es ist die Rede vom
«ˌSchild' und vom ˌSchwert' des Gesanges. Eine
«besonders künstliche Wendung wird mit einem
«ˌSchirmschlag', einem Fechthieb verglichen. Und
«hieraus erklärt sich wohl auch ein Ausdruck für
«Meisterlied, welcher sonst rätselhaft ist. Ein
«durchaus untadelhaftes neues Lied wird ˌBar' ge-
«nannt. In älterer Form begegnet ˌBarant'. Dies
«ist nun nichts anders als ein Parierhieb: es wird
«also das Meisterlied mit einem vollkommen ge-
«lungenen Schlag des Fechters verglichen.»

Diese Anschauung vertritt auch O. Plate in seinem
Aufsatze: Die Kunstausdrücke der Meistersinger, in den
Strassburger Studien, Band III, (Strassburg 1888) pag.
147 ff., besonders was den letzten Punkt, die Deutung dieser
und einiger ähnlicher Ausdrücke anbelangt. Weitere Hinweise auf diese Dinge zu geben, bot sich meinem verehrten
Lehrer in seinen Vorlesungen und Seminarübungen oft noch
willkommene Gelegenheit, wodurch in mir das Interesse für
diese Fragen bereits stark geweckt wurde. Meine Absicht,
das Studium dieser Verhältnisse einmal genauer zu betreiben,

bestärkte der Umstand, dass die philosophische Facultät
der Universität für das Studienjahr 1897/98 eine diesbezüg-
liche Preisfrage stellte. Die Aufgabe war formuliert wie folgt:
«Die altdeutschen Fechter und ihr Verhältnis
«zu den Spielleuten. Zu sammeln sind die Zeug-
«nisse aus den historischen und poetischen Quellen,
«von denen die letzteren vielfach eine merkwürdige
«Vorliebe für Figuren und Formeln des Fechter-
«wesens bezeugen, während die Geschichte der
«Fechter und der Spielleute, namentlich in ihrem
«schulmässigen Endergebnisse, eine engere Ver-
«wandtschaft erkennen lässt.»

Auf Grundlage der damals eingelieferten Vorunter-
suchung über diesen Gegenstand, die sich allerdings ledig-
lich auf eine gedrängte Übersicht der hauptsächlich in
Betracht kommenden Punkte, sowie auf eine Angabe und
Zusammenstellung des bisher gesammelten Quellen- und
Beweismaterials beschränkt hatte, ist meine jetzige Darstellung durchweg aufgebaut. Manches der früher nur kurz
angedeuteten Resultate soll nun hier seine Erweiterung und
ausführlichere Begründung erhalten. Freilich ist auch jetzt,
bei der inzwischen zu einer so äusserst reichen und fast
unübersehbaren Fülle angewachsenen und im Verlaufe der
Untersuchung sich stets noch vermehrenden Masse des zu
behandelnden Stoffes wieder darauf hinzuweisen, dass ich
mich, um die für eine derartige Arbeit nun einmal gesteckten
Grenzen nicht allzusehr zu überschreiten, zu einer gewissen
Beschränkung meiner Auseinandersetzungen genötigt sah.
So ist denn von vorneherein auf eine geschichtliche Gesamt-
entwicklung dieser Zustände, besonders aber auf eine genauere Darstellung ihrer frühesten Anfänge und eventuellen
Beziehungen derselben zu den Verhältnissen des griechischen
und römischen Altertumes, da diese Zusammenhänge ohnehin
für uns noch ziemlich dunkel und unsicher sein dürften,
an dieser Stelle und vorläufig wenigstens noch Verzicht
geleistet worden. Auch hatte sich unter solchen Umständen

meine Abhandlung besonders auf die deutschen Verhältnisse zu beschränken, und nur, wo grössere Lücken aus-
zufüllen oder allgemeinere Beziehungen herzustellen waren,
oder wo für die Erklärung und Feststellung gewisser Thatsachen das hier zur Verfügung stehende Beweismaterial
mir nicht auszureichen schien, habe ich auch ausser-
deutsches Gebiet in die Betrachtung einbezogen und Belegstellen anführen müssen, die den Geschichtsquellen und
Litteraturen fremdsprachlicher Nationen angehören. Dass
bei dieser Einschränkung des Stoffes auf das unumgäng-
lich notwendige Mass auch zahlreiche, im Laufe der Untersuchung sich uns aufdrängende, oft ganz interessante Einzelfragen aus dem engeren Rahmen der vorliegenden Abhandlung herausfallen mussten und darum hier keine eingehendere
Berücksichtigung mehr erfahren, sondern höchstens an-
deutungsweise an den betreffenden Stellen gestreift werden
konnten, liegt ja wohl auf der Hand. Aber gerade aus
diesen Gründen wünschte ich hier schon darauf hinzuweisen,
dass mir eine spätere, weitergehende Bearbeitung des zahl-
reich vorhandenen und weit ausgedehnten Materials sehr
angelegen sein wird, und dass ich mich mit der Absicht
trage, dasselbe nach endgültigem Abschlusse der Samm-
lungen und Vorstudien dereinst zur Abfassung einer allgemeinen Geschichte der fahrenden Leute oder wenigstens
zu einer Anzahl historischer Ergänzungsstudien über diesen
Gegenstand zu verwerten. Was nun die Einteilung des
hier zu behandelnden Stoffes anbelangt, so war zunächst in
einem ersten und zweiten Teile kurz die Vorgeschichte der
Kämpen und Fechter einerseits, der Spielleute, Sänger,
Dichter, Gaukler und übrigen Fahrenden andererseits und
ihre weitere historische Entwicklung bis zum Ausgange des
Mittelalters zu geben; es waren ferner ihre Lebensverhält-
nisse und Einrichtungen bis zu den schulmässigen End-
ergebnissen und bis zur Bildung von Vereinigungen und
Brüderschaften, die teilweise bereits an der Schwelle der
Neuzeit zu finden sind, zu verfolgen. Dabei konnte der

Verfasser sich aber, besonders für den zweiten Teil, der
schon einen ziemlichen Reichtum an verschiedenen guten
Abhandlungen aufweist, hier wohl so knapp und kurz als
irgend möglich fassen und nur das Wichtigste, was für
unsere besonderen Zwecke von Bedeutung war, hervorzuheben versuchen. Alles Weitere, was von Einzelfragen
noch zu erörtern von Interesse wäre, streife ich nur flüchtig,
um damit um so mehr Raum für die Behandlung des dritten
Teiles, den eigentlichen Hauptgegenstand unserer Untersuchung, zu gewinnen. Dieser dritte Teil wird sich mit
dem gegenseitigen Verhältnisse der beiden genannten Volksklassen, ihren Wechselbeziehungen, Beeinflussungen und
Übereinstimmungen in Lebensweise und Standeseinrichtungen,
in socialer und rechtlicher Stellung, wie in Berufs- und
Kunstsprache, kurz gesagt mit der Thatsache eines ent-
wicklungsgeschichtlichen Parallelismus zu befassen
haben, wie er zwischen den Kämpen und Spielleuten,
den Fechtschulen und Meistersingerschulen, den
Fechtergesellschaften, Pfeifferbrüderschaften,
Sänger- und Spruchsprechervereinigungen auf dem
ganzen weiten Umkreise dieses Gebietes besteht. Hieran
soll sich dann ein als Anhang zu behandelnder vierter und
letzter Teil anschliessen, in den die grösseren Belegstücke
und im Zusammenhang citierten Stellen verwiesen werden
mögen, um auf diese Weise den fortlaufenden Text möglichst von störenden und unangenehmen Unterbrechungen
zu befreien.

Indem ich diese Einleitung beschliesse, möge es mir
gestattet sein, zur Rechtfertigung des methodischen Ver-
fahrens dieser Untersuchung und der Principien, die mich
bei der Behandlung meines Gegenstandes geleitet haben,
noch ein kurzes Wort beizufügen. Wenn einer der Alt-
meister unserer deutschen Sprachwissenschaft, Professor
Dr. Moritz Heyne, im Vorworte seines soeben erschienenen
grösseren Sammelwerkes: Fünf Bücher deutscher Hausalter-
tümer, von den ältesten geschichtlichen Zeiten bis zum

16. Jahrhundert, erster Band: Wohnung, Leipzig 1899, in dieser Hinsicht eine Mahnung und einen Wunsch speciell an die jüngeren Vertreter der germanistischen Wissenschaft gerichtet hat, so habe ich diesem Umstande wenigstens die frohe Zuversicht zu verdanken, dass sich mein auf diesen culturgeschichtlichen Gegenstand gelenktes Interesse, zum mindesten in den Augen des erwähnten Gelehrten und der seine Ansicht teilenden Fachgenossen, als auf dem richtigen Wege der Forschung befindlich erweisen möchte. Der Verfasser des angeführten Lehrbuches äussert sich nämlich im Vorworte folgendermassen: «Die deutschen Philologen «haben vorzugsweise in jüngerer Zeit ihre Teil-«nahme der sprachlichen und litteraturhistorischen «Forschung so ausschliesslich zugewendet, dass «für das Gebiet, das hier betreten wird, ihrerseits «wenig Interesse waltete. Was darin geforscht «und vorgelegt ist, haben überwiegend Historiker, «Kunsthistoriker, Nationalökonomen, Bau- und «Kriegstechniker zustande gebracht. Der deutsche «Philolog aber soll sich seine Stelle gerade in «dieser Forschung nicht nehmen lassen, denn nur «er ist imstande, eines der wichtigsten Zeugnisse «methodisch zu verwerten: nur ihm sagt die «Sprache, und nicht zum wenigsten nach der ety-«mologischen Seite hin, was sie den anderen For-«schern, wie man oft sieht, hartnäckig verweigert. «Die Darstellung auch äusseren deutschen Lebens «von einem Germanisten und mit den germanist-«ischen Mitteln ist eine Notwendigkeit, und er «müsste sogar hier an die erste Stelle rücken.» Soweit das Programm, das Prof. Heyne für unsere Disciplin aufgestellt hat; und gewiss ist dieser erneute und energische Hinweis auf ein weites, noch allzuwenig bebautes Arbeitsfeld sehr zu begrüssen und wird hoffentlich auch reiche und erfreuliche Früchte im Laufe der nächsten Jahre zeitigen. Jedenfalls aber wird er dazu beitragen,

dass die Germanistik in einer Zeit, wo das Interesse für solche Fragen durch die rege Thätigkeit, welche die zahlreichen Vereine für Volkskunde und geschichtliche Altertümer überall entfalten, wieder bedeutend gehoben und gesteigert worden ist, sich das culturgeschichtliche Gebiet in seinem ganzen Umfange nicht wird streitig machen und entfremden lassen wollen. Und so ist denn die gute Aussicht vorhanden, dass, wie es ja nur billig und äusserst wünschenswert erscheint, auf der frisch vorgezeichneten Bahn nunmehr wieder rüstige Fortschritte gemacht werden, und dass die germanistische Forschung ihre Studien auf diesem Gebiete weit kräftiger und nachhaltiger aufnehmen und betreiben wird, als es bisher, besonders in den letzten Zeiten des Überwiegens anderer, litterarisch-kritischer und sprachwissenschaftlich-dialektischer Interessen, der Fall sein konnte. Wie sehr man aber Grund hat, die Bedeutung und Richtigkeit des Heyne'schen Postulates für die zeitgemässe Bethätigung der deutschen Philologie in diesen Nachbardisciplinen anzuerkennen und hervorzuheben, das ist mir bei der vorliegenden Untersuchung noch besonders zum Bewusstsein gekommen. Denn in der That hat der Verfasser auch gerade für diese Arbeit eine Reihe der wichtigsten Aufschlüsse über gewisse Zusammenhänge und Beziehungen zwischen den Gegenständen derselben, neben den zwar keineswegs bedeutungslosen und geringzuschätzenden historischen und rechtlichen Quellen, doch speciell den litterarischen, und unter diesen wieder in erster Linie den poetischen Denkmälern zu verdanken gehabt. Der Hauptanteil jedoch an der Erkenntnis und Erklärungsmöglichkeit bestimmter Beobachtungen und Ergebnisse muss entschieden der sorgfältigen Berücksichtigung der sprachlichen Verhältnisse zugesprochen werden, wie diese in Personennamen, Ortsnamen, Strassenbezeichnungen, Berufs- und Kunstausdrücken u. s. f. zum Ausdrucke kommen und in unserem Falle besondere Beachtung verdienten. Diese beiden letztgenannten Disciplinen aber, die Litteratur und die Sprache, dürften ja wohl dem gutgeschulten Philologen, er mag nun die classischen oder die modernen Fächer bearbeiten, für alle seine Forschungen — auch die cultur-geschichtlichen mit inbegriffen, und für diese gerade in erhöhtem Masse — zu einer gründlichen Behandlung des Stoffes am notwendigsten, aber auch als sein eigentliches Arbeitsgebiet am vertrautesten, das heisst am leichtesten und vollständigsten zugänglich und verständlich sein.

Zu dieser neubetonten Auffassung der Dinge, die ja für unsere germanistische Wissenschaft eine erfreuliche Er-weiterung des philologisch-kritischen Wirkungskreises be-deutet und ihr auf diesem frisch zu erschliessenden, weiten culturgeschichtlichen Gebiete noch eine Fülle schönster Er-folge und Resultate in Aussicht stellt, wünschte der Ver-fasser mit vorliegender Abhandlung seinen bescheidenen Beitrag beigesteuert zu haben.

I. Teil.

Die Kämpen und Fechter.

Seit den Tagen der Brüder Grimm, L. Uhland's und
G. Freytag's ist schon oft wieder auf die altbekannte Thatsache hingedeutet worden, wie sehr Kampf und Streit das
eigentliche durchgängige Leitmotiv des gesamten germanischen Cultur- und Geisteslebens bilden, ein Hinweis,
der auch für unsere Betrachtung notwendig den Ausgangs-
punkt abgeben musste. Die beiden ältesten Zeugnisse für
die Freude der Germanen am Kampfspiel und die eifrige
Pflege desselben einerseits, und für die systematische Verwendung des Zweikampfes als Gottesurteil und zu Rechts-
entscheidungen andererseits, sind wohl die beiden bekannten
Stellen aus Tacitus Germania. Die erste lautet Germania,
Kapitel 10: «est et alia observatio auspiciorum, qua
«gravium bellorum eventus explorant. eius gentis,
«cum qua bellum est, captivum quoquo modo inter-
«ceptum cum electo popularium suorum, patriis
«quemque armis committunt: victoria huius vel
«illius pro praeiudicio accipitur»; sie darf wohl als
frühester Beleg für das Kampforakel gelten, das nachher
nach vielfachen Erweiterungen und Umgestaltungen in den
verschiedenen Formen des Gottesurteils ein so beliebtes und
häufig angewendetes Beweismittel der altdeutschen Gerichtsbarkeit geworden ist. Unsere zweite Stelle befindet sich
im Kapitel 24 und hat folgenden Wortlaut: «genus
«spectaculorum unum atque in omni coetu idem.
«nudi iuvenes, quibus id ludicrum est, inter gla-
«dios se atque infestas frameas saltu iaciunt. exer-
«citatio artem paravit, ars decorem, non in quae-
«stum tamen aut mercedem: quamvis audacis las-

civiae pretium est voluptas spectantium»; diese
Schilderung ist die älteste Nachricht, die wir über das
ursprünglich wohl aus Cultusgebräuchen hervorgegangene
Kampfspiel der germanischen Jugend besitzen. Die Annahme
einer religiösen Bedeutung dieser ersten Waffentänze, die
auch Professor Schweizer-Sidler in seiner Ausgabe der
Germania (Halle 1874, pag. 48) im Anschluss an Müllenhoff's Äusserungen darüber (vgl. seinen Aufsatz über den
Schwerttanz in den Festgaben für Homeyer, Berlin 1871) vertritt, darf wohl umsomehr gerechtfertigt erscheinen, als wir
ja soeben auch die rechtliche Institution des Ordalzwei-
kampfes ausder mythologischen Anschauung des Kampforakels
und der göttlichen Hilfe in der Feldschlacht wie im Einzel-
kampfe (vgl. Tac. Germania, Kapitel 7, wo es heisst: « deum
adesse bellantibus credunt ») ableiten konnten. Ausserdem
ist es ja bekannt genug, dass man eine ganze Reihe von Erscheinungen und Gebräuchen im Culturleben der alten Völker,
wie den Tanz, die lyrische Poesie, die Musik, das Schauspiel und manches andere noch, hinsichtlich ihrer Entstehung
und ersten Ausbildung vielfach auf das religiöse und mytho-
logische Gebiet des Cultus und Ritus zurückzuführen hat.
So werden denn diese bei Tacitus als eine « Belustigung
und ein Schauspiel », aber auch als « Uebung und Kunst »
bezeichneten Waffentänze, wie sie damals schon allen germanischen Völkerstämmen, die er kannte, gemeinsam waren,
als Vorläufer der späteren Kampfspiele und ritterlichen
Übungen betrachtet werden müssen, wie sie die deutschen
Höfe des Mittelalters in so grosser Fülle aufzuweisen haben.
Gleichzeitig bilden sie aber auch als ihr erstes Auftreten
den Beweis für das frühe Vorhandensein der im späteren
Mittelalter und bis in die Neuzeit hinein von den Zünften
und Handwerksgilden wieder neuaufgenommenen Schwerttänze, die freilich als letztes, abschliessendes Glied in der
Entwicklung kriegerischer Spiele seit ihren ersten Anfängen keine geschlossene Kette erkennen lassen, und vielmehr auf eine grosse und klaffende, noch unausgefüllte

Lücke zwischen den beiden, mehrere Jahrhunderte ausein-
anderliegenden Anfangs- und Endstadien derselben hinweisen.
Vielleicht ist nun allerdings Aussicht vorhanden, wenn auch
nicht diese Lücke völlig zu schliessen, so doch ihren
bedeutenden Umfang auf ein weit geringeres Mass herab-
zusetzen, falls wir nämlich berechtigt sind, das Fechter-
und Fechtschulwesen, das allerdings mit der Abhaltung der
Schwerttänze in einem engeren Zusammenhange zu stehen
scheint, worauf ich später noch einmal im Einzelnen zurück-
zukommen habe (vgl. pag. 81 ff.), als eine der fehlen-
den Übergangsstufen in die Entwicklungsreihe einzuschieben,
die sich dann schon über einen ganz beträchtlichen Zeit-
raum erstrecken würde.

Doch haben wir uns zunächst noch mit den Anfängen der
Geschichte des deutschen Kämpen- und Fechterwesens etwas
näher zu befassen, wenn mir auch ein erschöpfendes Ein-
gehen auf diese Fragen für die jetzige Behandlung des
Gegenstandes noch versagt ist. Sehr wahrscheinlich, wenn
auch bis jetzt nicht durch bestimmte Zeugnisse zu belegen,
muss auch für diese Verhältnisse des germanischen Lebens
ein engerer Zusammenhang — oder doch zum mindesten
eine kräftige Beeinflussung von dieser Seite — mit der
antiken Cultur angenommen werden; für unsere besonderen
Interessen kämen hier speciell die spätgriechische und
spätrömische Cultur, die üppigen und ausgelassen-rohen
Zeiten jener bekannten entsetzlichen Tierhetzen und grau-
samen Gladiatorenkämpfe in Betracht, zu welchen nur
allzu oft von den übermütigen Herrschern und Siegern germanische Sklaven oder Kriegsgefangene verwendet wurden,
um der schaulustigen Menge, zum niedrigsten und schmach-
vollsten Dienste gezwungen, eine willkommene Unterhaltung
zu bieten. Unter solchen Umständen ist es sehr wohl denk-
bar, dass manche der auf fremdem Boden mitangesehenen
üblen Belustigungen und schlechten Gewohnheiten, wie die
Tierhetzen und Tierkämpfe, vielleicht auch die Zweikämpfe von
Menschen unter sich oder mit Tieren allmälig durch wandernde

Künstler oder Spielleute auf deutsches Gebiet übertragen worden
sind, wie wohl auch die Kriegsfahrten der deutschen Fürsten
und Ritter im Zeitalter der Kreuzzüge nach den südlichen
Ländern dort die Pflege der obenerwähnten Lustbarkeiten
und Kampfschauspiele durch diese zur Folge gehabt haben. Bei
ihrer Rückkehr in die Heimat mögen solche Gewohnheiten
auch begierig übernommen und an den eigenen Höfen
eifrig nachgeahmt und betrieben worden sein. Ausser
diesen nur in vereinzelten Fällen nachweisbaren Vermächt-
nissen der alten Zeit, die allerdings auch ein Erbstück von
recht zweifelhaftem Werte darstellen, hat nun aber das
Mittelalter in seiner Blütezeit noch zwei Erscheinungen von
echt germanisch urwüchsiger Natur aufzuweisen; wir meinen
den höfischen Fechtmeister, den ritterlichen Erzieher
und Berater des jungen Adels in jeder Art der kriegerischen
Tüchtigkeit, und den Kämpen, den Berufsfechter niedrigeren Standes, der die Rechte der Könige und Fürsten,
der Unmündigen und Altersschwachen, wie auch der Frauen,
in Rechtsstreitigkeiten, bei Anfechtungen ihrer Würden und
Rechte, oder bei schweren Anschuldigungen von Verbrechen
durch das Gottesurteil des gesetzlichen Zweikampfes vertreten, schützen oder wenigstens entscheiden musste. Zahlreiche Gesetze, Erlasse und Vorschriften geben die näheren
Bestimmungen, in welchen Fällen der gerichtliche Zweikampf einzutreten hat, und wie sich die Kämpfer dabei zu
verhalten haben, ferner welche Örtlichkeiten und Tageszeiten dafür zu wählen, welche Ausrüstungen und Waffen
von den Gegnern zu tragen sind. Für die Einzelheiten
über diese Verhältnisse ist auf die ausführlichen Artikel in
Du Cange's Glossarium mediae et infimae latinitatis zu den
Worten «campiones» und »duellum» zu verweisen, wo
eine grosse Anzahl der betreffenden Gesetze aufgezählt
werden und sich aus verschiedenen Edikten und Ordon-
nanzen über die verschiedensten, in Betracht kommenden
Punkte grössere Auszüge und Belegstellen finden, die hier
alle wiederzugeben zwecklos sein würde, um so mehr da diese

Dinge doch noch allzuweit vom eigentlichen Kernpunkte unserer Untersuchung abliegen. Ich will mich also hier damit begnügen, einige wenige Beispiele als Belege der jeweiligen Erörterungen zu geben.

Dafür, dass selbst die Völkerschlacht als ein Gottesurteil in grossem Massstabe angesehen wurde, gibt eine Stelle aus den Annal. Mettens. ad. a. 743 (Pertz 1, 328) einen interessanten Beleg, indem in derselben die Schlacht als ein «judicium dei, quod subire non distulimus» bezeichnet wird. Einer ähnlichen Auffassung wird man es zuzuschreiben haben, wenn die sich schlagfertig gegenüberstehenden Heere der Vandalen und Alemannen aus ihrer Mitte einzelne Kämpfer auswählten und den Streit durch deren Zweikampf zum Austrag bringen liessen. Diesen Vorfall erzählt uns Gregor von Tours II, 2 wie folgt: «nec multo post scan-«dalum inter utrumque oritur populum, quoniam propinqui «sibi erant, cumque ad bellum armati procederent ac jam-«jamque in conflictu parati essent, ait Alamannorum rex: «quousque bellum super cunctum populum commovetur? «ne pereant quaeso populi utriusque phalangae, sed pro-«cedant duo de nostris cum armis bellicis et ipsi «inter se confligant. tunc ille, cuius puer vicerit, «regionem sine certamine obtinebit. ad haec cunctus «consensit populus, ne universa multitudo in ore gladii «rueret. confligentibus vero pueris pars Vanda-«lorum victa succubuit, interfectoque puero placi-«tum egrediendi Transimundus spopondit.» Wie bei den Franken die Fürsten der streitenden Parteien selbst durch ihren eigenen Kampf entscheiden sollen, erzählt Agathias I, 2: «ἰδόντες δὲ ἀλλήλους ἑκατέρωθεν ἡ πληθὺς, αὐτίκα τὸ »χαλεπαῖνον ἀποβαλόντες ἐς ὁμοφροσύνην μεταχωροῦσι, καὶ τοὺς «ἡγεμόνας κελεύουσι δίκῃ μᾶλλον τὰ ἀμφίβολα διακρινή-«σασθαι, εἰ δὲ μή, μόνους ἐκείνους ἀγωνίζεσθαι». Von einem Kampfurteil zwischen Sachsen und Slaven berichtet Wippo (Pistor. 3, 479): «dicebant pagani, a Saxonibus pacem pri-«mitus confundi, id per duellum, si caesar praeciperet,

«probari. econtra Saxones ad refellendos paganos simi-
«liter singulare certamen, quamvis injuste conten-
»derent, imperatori spondebant. Imperator hanc rem
«duello dijudicari inter eos permisit; statim duo
«pugiles congressi sunt, uterque a suis electus.....
«postremo christianus a pagano vulneratus cecidit.»
Unter den verschiedensten Verhältnissen also, bald mehr
durch gerichtliche Bestimmungen festgesetzt, bald mehr auf
freier Uebereinkunft der beiden streitenden Parteien be-
ruhend, erweist sich das Kampfurteil weit verbreitet und
häufig angewendet, so dass die Annahme, es werde sich
schon frühzeitig eine Art von Berufsfechtern gebildet haben,
die sich zum Austrage solcher Streitfragen anwerben und be-
zahlen liessen, gewiss sehr gerechtfertigt erscheint. Auf einige
weitere Fälle der gesetzlichen oder sonstigen Anwendung
des Kampfurteils mag hier noch kurz hingewiesen werden.
Osenbrüggen, Rechtsgeschichtliche Studien, pag. 163, verweist auf die lex Alam. Hloth. XLIV, nach welcher Stelle
ein Freier, der einen andern freien Mann eines unbewiesenen
todeswürdigen Verbrechens beschuldigt, seine Behauptung
durch gerichtlichen Zweikampf erhärten muss. J. Grimm,
Deutsche Rechtsaltertümer[3], Göttingen 1881, pag. 927—930
und pag. 471/2 (die Neuausgabe, von Heusler besorgt, ist
mir noch nicht zugänglich gewesen), erwähnt neben den
übrigen, bereits von dort entlehnten Stellen von darauf
bezüglichen gesetzlichen Bestimmungen noch die lex Angli-
orum et Werinorum 16, lex Alam. 56. 84, lex Bajuv. 11, 5.
16, 2. 17, 2, ferner die lex Roth. 164. 165. 166. 198, dann
(pag.866/7) die lex Rip. 32, 4. 51 (pag. 904/5), lex Rip. 59, 4.
lex Burg. 8, 2. Sodann berichtet er von einem Falle strei-
tiger Erbfolge, der im Jahre 941 unter Otto I durch ein
Gottesurteil dieser Art entschieden wurde. Die beiden
(pag. 471/2) dazu angeführten Stellen besagen folgendes:
«Rex autem meliori consilio usus noluit viros nobiles ac
«senes populi inhoneste tractari, sed magis rem inter
«gladiatores discerni jussit. vicit igitur pars, qui

« filios filiorum computabant inter filios, et firmatum est, ut
« aequaliter cum patruis hereditatem dividerent pacto sem-
« piterno ». Witich, corb. p. m. 25. « Ex regis Ottonis om-
« niumque principum sententia cognitio veritatis com-
« missa est gladiatorio judicio, cessitque victoria
« his qui censebant, fratrum filios debere cum patruis here-
« ditare. » Sigeb. gembl. ad a. 942. Von einem weiteren
bezeichnenden Vorfalle aus dem Jahre 1095 gibt er uns nach
Ritz I, 56, Kenntnis: « Nulla melior visa est sententia, quam
« ut per judiciarium campum super hoc fieret exa-
« minatio; sic deinde statuto die et collata utrimque magna
« populorum affluentia, nobis et ipsis praesentibus advocatis,
« duo ex utraque parte homines ad hoc praeelecti,
« ut fieri solet, aggressi sunt singulariter et noster
« homo propitiante deo victor factus est. » In der
gleichen Urkunde heisst es a. a. O. weiter, dass der « Gis-
« lebertus campio, qui posuit quasi in mortem ani-
« mam suam pro nostra fidelitate », Ländereien zur
Belohnung für seine mit Gottes Hilfe den Sieg bewirkende
Tapferkeit empfangen hat. Einen ähnlichen Fall der Entscheidung von Rechtstreitigkeiten durch ein Kampfurteil
finde ich bei Schannat, Hist. Wormat. nr. 51 verzeichnet:
« Si quis contenderit super agris, vineis, pecunia,
« ut devitentur perjuria, duo eligantur ad pugnam,
« et duello litem decidant ». Eine Stelle, die auch
wegen der darin bezeichneten Ausrüstung der Kämpfer,
wozu Sachsenspiegel I, 63, und die entsprechenden Bestimmungen des Schwabenspiegels zu vergleichen sind, von
weiterem Interesse ist, entnimmt Grimm a. a. O., pag. 878/9,
dem Bacharacher Blutrechte, das dem 14. Jahrhundert angehört; sie lautet dort: « sehe er nu denselben man in
« unses herren gerichte, er wulde in ansprechen umb den
« schaich und umb den mort. jehe er is ime, er neme is
« mit urkunde na des lands rechte, leukent er is ime, er
« wulde is in beherten mit sime libe uf sinen lip,
« in sime einfaren rocke, mit sime roiden schilde,

«mit sime eichinkolben, mit sime wissem vilze,
«mit sime ufgebunden huote, mit alle deme daz
«man zu kampe begeret, dass ein Franke den andern
«sal durch reicht eins schaichs und eins mordes gichtig
machen».

Wurden nun aber Frauen in solche schwere Rechts-
fälle verwickelt, so war es doppelt nötig, dass diese sich
einen Verfechter und Vorkämpfer ihrer Unschuld anwerben
konnten, falls nicht männliche Verwandte oder, was allerdings nicht allzuhäufig vorgekommen sein wird, gar sie
selbst in eigener Person sich zu dem gerichtlichen Kampfe
stellten, der im letzteren Falle dann ganz besondere Formen
annahm, um das schwächere Geschlecht wenigstens einigermassen mit dem männlichen Gegner auf ein Niveau gleicher
Chancen zu stellen. Von einem solchen Zweikampfe zu
Gunsten einer Frau berichtet schon Paulus Diaconus IV, 49:
«haec (i. e. Gundiberga regina) cum de crimine adulterii
«apud virum accusata fuisset, proprius ejus servus,
«Carellus nomine, a rege expetiit, ut cum eo, qui
«reginae crimen ingesserat, pro castitate suae do-
«minae, monomachia dimicaret. qui dum cum crimi-
«natore illo singulare certamen iniisset, eum cuncto
«populo astante superavit, regina vero post hoc
«factum ad dignitatem pristinam rediit.» Über die
bereits oben erwähnte besondere Form des Zweikampfes
zwischen Mann und Frau, wie sie erst im späteren Mittelalter sich ausgebildet hat, vergleiche man Majer's Geschichte
der Ordalien, pag. 270—274 das Nähere. (Dort ist auf die
vom Augsburger Stadtrecht vom Jahre 1276 pag. 55 für
diesen Fall vorgesehene Kampfform und auf eine Variation
derselben bei Ruprecht von Freysing II, 51 hingewiesen,
wozu auch Osenbrüggen, Rechtsgesch. Studien pag. 235—237
nachzusehen ist.) Einen solchen Kampf zwischen beiden
Geschlechtern sieht auch das Stadtrechtbuch von München
aus dem Jahre 1347, Art. 188 (von der notnunft) vor,
wobei auf Codd. ad prooem. cit. cf. Lrb. 56. F. Str. 39.

Rrb. I, 135. Schwbsp. 354. Str. v. Augsb. 112 verwiesen
ist (s. Fr. Auer, das Stadtrecht von München pag. 72/73).
Darauf, dass die Frau sich durch einen Kämpfer vertreten
lassen könne, weist schon das bereits genannte Augsburger
Stadtrecht von 1276 hin, wo es pag. 69 heisst: «so sol si
«einen kempfen an ir stat nemen»; und wahrscheinlich
ist auch die etwas unklare Stelle im Codex des Jus pro-
vinciale Alemannicum cap. 229 (Ed. Scherz 1727) so zu
verstehen, welche lautet: «Sprichet ain Fraue ain Man
«an umb die sach da kampfe umb ertailt wirt, Und
«hat der ainen mage von dez wegen diu clag hergat, der
«im alz nahen ist daz er ez durch reht tun sol. Und
«kumpt ez darzu daz ain kampf darumb ertailt wirt,
«will denn diu fraue so stelt sie wol» (nämlich «einen
kempfen»?). Davon, dass ein solcher Zweikampf zwischen
Mann und Frau persönlich, also ohne Vertretung der
letzteren durch einen für sie kämpfenden Mann, wirklich
stattgefunden hat, geben zwei Stellen Zeugnis; in den sog.
Annales Colmarienses majores heisst es zum Jahre 1288:
«In civitate Bernensi mulier virum vicisse noscitur
«in duello,» und zum gleichen Jahre in den Annales Ber-
nenses: «In Berna fuit duellum inter virum et mu-
«lierem in octava Innocentium sed mulier praevaluit.»
(Vgl. Pertz. Mon. Germ. hist. XVII, 215, 271.) Den gleichen
Fall erzählt zum Überfluss noch etwas ausführlicher
Justinger in seiner Berner Chronik pag. 38: «Da man zalt
«von Gottes Geburt 1288 Jare nach Wienachten an dem
«achtenden Tage der Kindelein, beschach ein Kampf zu
«Bern, an der Matten, da nu die Mure unten am Kilchhofe
«stat und kämpfte ein Frow und ein Mann mit ein-
«andern und gewann die Frow den Kampf,» und nach
ihm geben noch andere Chroniken das Ereignis wieder, das
durch diese verschiedenen Berichte wenigstens als genugsam
belegt gelten kann. Von der Anwendung des Zweikampfes
als Gottesurteil zur Entscheidung eines Streites zwischen zwei
Männern aus Glarus im Jahre 1423 berichtet Tschudi, wo-

rüber Johann von Müller's Geschichte der schweizerischen Eidgenossenschaft III. 1, 2. (pag. 309, 310) zu vergleichen ist. Da wir hier gerade schweizerische Verhältnisse mit für diese Fragen in Betracht gezogen haben, möge noch auf einiges Weitere verwiesen werden, so zunächst auf die von Friedrich II. im Jahre 1218 der Stadt Bern ausgestellte Handfeste, von welcher sich (nach Ed. G. Walther citirt) die Artikel 30, 31 (zu diesem verweist A. Zeerleder bei Behandlung dieser Urkunde in der Berner Jubiläumsschrift von 1891, auf den Art. 22 des Stiftungsbriefes von Freiburg i. B.) und 32 (Hoc est autem «ius duelli») mit dem Zweikampf befassen. Doch weist Zeerleder a. a. O. in der Anmerkung zu Artikel 32 der Berner Handfeste von 1218 darauf hin, dass bereits in der ersten Hälfte des 13. Jahrhunderts in einzelnen Stadtrechten andererseits wieder Bestimmungen vorliegen, welche die Abschaffung des gerichtlichen Zweikampfes bezweckten; so enthalten beispielsweise solche Stellen die Urkunde Friedrich II. für Nürnberg vom Jahre 1219, ein Privileg des gleichen Herrschers für Regensburg von 1230, eine Verordnung für Münden von 1246, und ein Privilegium Rudolfs von Habsburg für die Bürger von Frankfurt (vgl. dazu Gengler, Stadtrechtsaltertümer, 322. § 3; 373. § 1; 303; 113). Ferner gehört hierher Artikel 104 der Handfeste von Freiburg i. U. vom Jahre 1249 (s. Lehr, la Handfeste de Fribourg dans l'Uechtland) folgenden Inhaltes: «Nullus burgensis duellum faciet, «si noluerit; si autem aliquis fuerit qui dicat burgensi: ego «te per corpus meum probabo (hier ist wohl ein «contra» «zu ergänzen) corpus tuum (,ich bewise mit minem «libe an dinen lib', lautet die alte Uebersetzung dieser «Rechtsformel), talis tenetur illi cui dixerit emendare tribus «libris et Sculteto similiter.» Endlich sei noch erwähnt, dass nach dem ältesten Ratsbüchlein von Luzern aus dem Jahre 1373 die «Gotteshausleute» daselbst nach altem Herkommen vom Kampfurteil befreit waren und dasselbe auch selbst nicht in Anwendung brachten (vgl. Segesser, Luzernische

Rechtsgeschichte II, 617). Damit mag die Betrachtung dieser rechtlichen Bestimmungen abgeschlossen sein. Es ist nunmehr zu verfolgen, wie sich diese Verhältnisse in der zeitgenössischen Litteratur widergespiegelt haben und wie sie zu poetischen Darstellungen grösseren Umfanges oder zu kleineren Episoden verwendet worden sind. Zunächst sollen allerdings noch einige Worte einer Erscheinung gewidmet werden, deren Auftreten uns freilich nur für ausserdeutsche, französische und englische Verhältnisse bezeugt ist, die aber im engsten Zusammenhange mit unserem Gegenstande steht und darum sehr wohl in den Rahmen dieser Untersuchung einbezogen werden darf; ich meine die Institution des «campio regis» des sog. «Königsfechters,» der die Rechte seines gekrönten Herrschers an dessen Hofe, besonders bei den Krönungsfeierlichkeiten, gegen Anfechtung und Widerspruch mit der blanken Waffe zu verteidigen hatte, was oft zu einer bloss ceremoniellen, weil althergebrachten Herausforderung eines vermeintlichen Gegners Veranlassung gab, der in Wirklichkeit gar nicht vorhanden war. Die ehrwürdige Sitte forderte auch da gebieterisch ihr Recht, wo gar kein Grund mehr für ihr Inkrafttreten vorlag, weil ihre Voraussetzung, die Einsprache gegen die Rechtmässigkeit der königlichen Rechte und Würden von irgend einer Seite, schon längst in Wegfall gekommen war. Einige Nachrichten über Vorkommen und Verlauf dieser Ceremonie, deren Vertreter doch eine Art von Hofamt mit officiellem Titel innegehabt zu haben scheint und jedenfalls als die kräftigste Stütze des Kronrechts sehr angesehen war, wie uns dieselben aus Frankreich und England überliefert sind, mögen hier nach Du Cange's Glossarium m. e. i. l. (Niort 1883) tom. II. pag. 65c, 66a Platz finden. Daselbst heisst es zunächst: «Charta Henrici I. Regis Anglorum in Monast. Angl. tom. 2. pag. 973 subscribitur a «Roberto de Bajocis campione Regis.» Ita autem appellatur in Anglia Miles', qui coronato Rege, dum ille mensae cum proceribus accumbit, ad monomachiam provocat,

quotquot Regem illum esse negant»: quam quidem
ceremoniam ita describit Thomas Walsinghamus, ubi agit
de coronatione Ricardi II. pag. 192: «Interea praeparavit
«se quidam Miles Dominus Joannes cognomento Dimmock,
«qui clamabat se habere jus ad defendendum jura Regis
«illo die, et etiamsi opus esset duello confligendum,
«si aliquis praesumeret affirmare Regem non habere
«jus in regno Angliae.» Ferner: Froissarts 4. vol. cap.
114 ubi de inauguratione et coronatione Henrici Lanca-
strensis: «En la moitié de ce disner vint un Chevalier,
«qui se nommoit Diureth, tout armé, monté sur un cheval
«tout couvert de mailles de vermeil, Chevalier et cheval, et
«estoit armé pour gage de bataille, et avoit un chevalier
«devant lui, qui portoit sa lance, et avoit ledit Chevalier à
«son costé l'espée toute nue, et sa dague à l'autre costé;
«et bailla ledit Chevalier un libelle au Roy, qui fut leu;
«lequel libelle contenoit, que s'il estoit Chevalier,
«Escuier, ou Gentilhomme, qui vousist dire ne main-
«tenir, que le Roy Henry ne fust vray Roy, il estoit
«tout prest de le combattre present le Roy, quand il
»plairoit au Roy assigner journée: et là fit le Roy crier par
«un heraud d'armes par six lieux en ladite ville, et aussi
«en la sale.» Endlich noch: Thomas Milles lib. de Nobil.
Polit. vel Civili pag. 109 describens ceremoniam coro-
nationis Edwardi VI. Regis Angliae: «Post secundum fer-
«culorum apparatum, Regius Agonista (Dimmocus cogno-
«mine) eques auratus undique armatus, equo insidens bellico,
«pannis aureis phalerato, paludato feciali comitatus ingressus
«est, qui primo gressu glomerante superbo ad regem se
«contulit ipsumque summa observantia adoratus est. Deinde
«equum concitando ovantem quater per aulam clangente tuba
«ad duellum provocavit, si quis nimirum Edwardum
«ejus nominis VI. Angliae, Franciae, et Hiberniae
«verum, indubitatum, legitimumque Regem negaret:
«totiesque chirothecam militarem arrham projecit
«humi, quam quum nemo attolleret, fecialis ipsi

«reddidit.» Dazu hat der Herausgeber und Bearbeiter des Wörterbuches noch folgendes Weitere zu bemerken: ‚Videtur autem miles ille «patriam» repraesentare, ‚quia’, inquit Bracton. lib. 3. tract. 2. cap. 21. § 11: ‚Rex non pugnat, nec alium habet Campionem, quam patriam’. Id porro muneris Marmionorum familiae competiit, a qua per filiam in Dimocorum gentem in agro Lincolniensi transiisse scribit Camdenus in Descript. Staffordensis Comitatus’. Im Anschlusse hieran mögen nach Du Cange tom. VI. sp. 559 a, b noch zwei Zeugnisse erwähnt sein, die sich daselbst für die Verwendung des gerichtlichen Zweikampfes finden, ferner eine Stelle, die meine Annahme eines Fechterstandes, der sich für Geld zum Austrage von Streitigkeiten herbeiliess, zu bestätigen scheint. Für Letzteres kann man sich auf die sub voce ‚pugil’ stehende Angabe eines ‚pugil conducticius’, qui pro alio certamen et duellum suscipiebat, in Libert. Clarimont. ann. 1248. tom. 5. Ordinat. reg. Franc. pag. 600. art. 6 berufen; für Ersteres auf die Belege zu ‚pugil’=campio, in Foris Bigorrensibus art. 20. Tabular. S. Germani Paris. sub Hugone: «Godefridus quidam «de sancto Germano Pugilem suum Robertum et suos «obsides coram assistente multitudine nobis exhibuit. «Godefridus vero de Braviler neque pugilem, neque ob-«sides suos exhibuit, nec ea die comparuerunt in Curia «nostra, propter quod ei diximus, ipsum decidisse a causa;» und zu ‚pugilare’=duello contendere, Guibertus lib. 3 de «vita sua cap. 14: «Is contradatis vadibus bello eum «pugilaturus impetiit.»

Wohl am besten, teilweise mit fast wörtlicher Verwendung der üblichen Rechtsformeln ist der gerichtliche Zweikampf litterarisch verwendet auf dem Gebiete der Tierfabel, von den Verfassern der Gedichte «Van den vos Reinaerde» (Ausgabe v. E. Martin) und «Reineke Vos» (Ausgabe von Fr. Prien, Halle 1887). Ich gebe hier die betreffenden Stellen, welche deutlich den engen Anschluss an die bestehenden Bräuche und Redewendungen erkennen lassen, im Auszuge wieder. So heisst es zunächst in Reinaert II. (Ed. Martin) v. 6740 ff.:

«mer ic tie u hier voor hem allen,
«dat ghi een verrader ende een moorder sijt.
«ic salt u doen lien in een crijt
«op enen dach, lijf teghen lijf:
«ende dus coomt ten einde onse kijf.
«siet hier, ic biede u den hantscoe!
«ic wil daer voor sterven of brenghen toe.
«die recht heeft, het sel wel bliken.»

Dazu führt Prof. Martin in der Anmerkung die folgenden beiden weiteren Belege an; erstens eine Stelle aus Froissart bei Du Cange, lautend: «je di que tu es faux mauvais et «traistre: tout ce je prouveray mon corps contre le tien, «et voici mon gage!» Zweitens einen Ausdruck aus einer Ordonnanz Philipps des Schönen von Frankreich vom Jahre 1306: «ce luy monstreray je aujourdhui par mon corps «contre le sien.» Ferner Reinaert II. v. 6916 ff.:

«die wolf swoer voor, dat die vos
«een moorder was ende een verrader,
«ende argher niet wesen mochte noch quader:
«dat soudi op hem maken waer.
«Reinaert die vos swoer daer naer,
«dat hijt looch als een vuul katijf:
«dat soudi waer maken op sijn lijf.»

Ganz ähnlich lauten die entsprechenden Stellen in Reineke Vos, so B. IV. c. 5. v. 6102 f.:

«Ik wyl myt yw slan eynen kamp.
«Hebbe gy dan recht, dat vynde gy wol».
(Vgl. v. 100 «De recht heft, schal wol richtich blyuen.»)

Ferner B. IV. cap. 5. v. 6120 ff.:

«Wy wyllen kempen vmme olt vnde nye.
«Ik essche yw to kampe to desser tyd,
«Ik spreke, dat gy eyn vorreder vnde morder syd.
«Ik wyl myt yw kempen lyff vmme lyff,
«Sus mach eyns endygen vnse kyff.
«De vthbuth den kamp, dat is dat recht,
«Eynen hantschen deme anderen to donde plecht;
«Den hebbe gy hir, nemet to yw!»

Am Schlusse von Buch IV cap. 5 steht folgende Prosa-Erläuterung über das Kampfurteil (vgl. pag. 213.):

«Oldynges was yd eyne wyse, dat etlyke eddelynge
«vaken eyn yegen den anderen plach to kempen, dar vele
«van steyt in der ystorien van den Romeren vnde anderen
«bôken vnde kroniken; vnde ane orloff des konnynges efte
«heren des landes so moste nemant kempen efte vechten
«lyff omme lyff. Denne, wan de here efte konnynck des
«landes den kamp beorlouede, so mosten de twey gan in
«gevencknysse, edder borgen setten, den ghesatteden dach
«to kampe to komen. Dyt sulue menet de lerer hir, dat
«Reynke vnde Ysegrym borgen satten. Vnde denne in der
«myddeltyd twysschen deme dage des kampes heft eyn yslyk
«bi synen vrunden ghewest, de em trostlik weren vnde en
«vrimodich makeden, vnde dar hadden se denne welke
«vechters, dede vorvaren weren in sodanen dyngen;
«desse lereden de kempers, wo se syk scholden
«hebben. Dyt menet de dychter hir na in deme capittel.»

Und endlich noch die Stelle B. IV, cap. 7. v. 6269 ff.:

«He swor, dat Reynke were eyn vorreder,
«Eyn deff, eyn morder, eyn mysdeder,
«Eyn ebreker vnde eyn valsch ketyff.
«Dyt gylt vns beyden lyff vmme lyff.'»

Aber auch in die Dichtung der deutschen Heldensage sind solche Anklänge an den gerichtlichen Zweikampf und das Gottesurteil in zahlreichen Wendungen eingedrungen, und oft sind derartige Situationen mit Vorliebe geschildert und breit und weitläufig ausgemalt worden, so besonders, wenn es sich um ritterliche Zweikämpfe handelte, die von den Rittern selbst in eigener Person ausgefochten wurden, um die angegriffene Ehre ihrer Dame zu schützen und ihre Unschuld böswilligen Vorwürfen oder Verrätereien gegenüber durch einen glänzenden Sieg über den Gegner offenkundig zu erweisen. Solchen Darstellungen begegnet man in der Ritterdichtung des ganzen Mittelalters so häufig, dass es hier zu weit führen würde, auch nur eine Übersicht über

die gesamten Stellen zu geben; ich muss mich daher für
jetzt begnügen, auf einige der naheliegendsten Angaben
solcher Verhältnisse als Beispiele kurz zu verweisen.
So führt Benecke in seinem Wörterbuche zu Hartmann
von Aue's Iwein (2. Ausgabe von Wilken. Göttingen 1874)
manche Ausdrücke dieses Gedichtes an, die entschieden
eine Auffassung des Kampfes unter dem Gesichtspunkte
des rechtlichen Ordals an den betreffenden Stellen erkennen
lassen, wenn auch die weiteren Formen desselben vom
Dichter nicht ausführlicher angewendet worden sind. Als
Belege dafür mögen folgende Wendungen gelten, die am
erwähnten Orte sich finden: «ir kempfe wurde sigehaft.
253. sî was Ir kempfen harte vrô. 210. daz gotes gnâde
und gebot ir kempfen êrte. 199. der ir kempfen über-
strite. 213. sî vuor ir kempfen suochen. 213. ich schiet
âne kempfen dan. 158. sol sî kempfen hân. 193. ich
vinde kempfen. 210. 212. daz sî den kempfen bringe
dar. 222. sî suochte einen kempfen. 211. dû muost mir
mîn erbeteil lân oder einen kempfen hân. 210. er wollde
in kempfen. 181. 255. daz die besten gesellen ein ander
kempfen wellen. 255. ze sehenne ein vehten von zwein
sô guoten knehten. 254. vür eine vrouwen vehten, strîten.
155. 193. 278. 218. ein kampf ist gesprochen zwischen in
beiden über sehs wochen. 222. 213. er muoz ime vierzec
tage kampfes bîten. 213. sich mit kampfe loesen. 158.
mit kampfe unschuldec werden. 202. der man den er
an mit kampfe vor gerihte sprach. 202. 156. sich
mit kampfe wern. 154. durch einen kempfen. 209.
einem den kampf geheizen. 251. einen kampf bestân.
165. 250. heiz den kampf lâzen sîn. 267. wider sînen
kampfgenôz. 269. sînen kampfgesellen ûf den sâmen
vellen. 259. an der kampfstat vinden. 252. manec
kampfwîse man sach diesen kampf an. 265. die zwêne
kampfwîsen trâten zesamene. 261. wartet mîn morgen
vruo; ich kume ze guoter kampfzît. 163. 252. daz ein
kempfe drî man. 164». Ähnliche Stellen, die entweder

schon in den verwendeten Ausdrücken, oder doch in der
Art und Weise, wie der Kampf in seinem Verlaufe geschildert
wird, nach dem vorbildlichen Muster des gerichtlichen
Zweikampfes gebildet sind, auch wenn es sich um blosse
Privatstreitigkeiten oder Turnierfehden handelt, finden sich
noch häufig. So mögen, um beispielsweise aus der grossen
Fülle derselben noch einige herauszugreifen, etwa noch
die folgenden hier erwähnt werden, ohne dass ich sie jedoch
im Wortlaute anzuführen für nötig erachtete, da sie meistens
genügend bekannt oder doch leicht nachzuschlagen sind.
Ganz besonders ist an dieser Stelle, was die Kampfausdrücke
anbelangt, auf Wilhelm Grimm's treffliche Sammlung unter
dem Titel: «Deutsche Wörter für Krieg», in dessen Kleineren
Schriften (Ausgabe von G. Hinrichs. Berlin 1883), im
Band III, pag. 516 ff. publiciert, hinzuweisen, der ich einige
für unseren Zweck wichtige Zeugnisse im Folgenden entnommen habe (vgl. besonders pag. 535 ff. a. a. O.). Darnach erscheint das ahd. «kemphjo, kemfo» bereits einige
Male in den ältesten Glossen, wo es durch das lat. gladiator,
athleta' wiedergegeben ist. Dem entspricht der Umstand,
dass die Schlettstädter Glossen (vgl. Haupt's Zeitschrift V,
346) das Wort einwic' Zweikampf, durch die Begriffe
«ludicrum» und «spectaculum» erklären. Dass bereits in
althochdeutscher Zeit verschiedene Arten von Kämpen unterschieden wurden, beweist das Vorkommen der Ausdrücke:
«fûstkempho, knuttilkempfo und swertkempfo» im
Sprachschatze jener Glossenlitteratur. Neben zahlreichen
anderen von Grimm in grosser Vollzähligkeit angeführten
Stellen will ich hier nur noch einige derjenigen erwähnen, die durch ihre ausführliche Schilderung der Verhältnisse oder durch bemerkenswerte sprachliche Wendungen und stehend gewordene Ausdrücke von besonderem
Werte sind. So wären etwa zu vergleichen: Tristan
(Ausgabe von Massmann), pag. 332, 37—40. 333, 1—19.
Biterolf v. 12'949—12959. Wolfdietrich D. VII. 168, 1,
2. 170, 2, 3. 175, 4. 176, 2. 177, 3, 4. 178, 4. 183, 1.

187, 1, 2. 188, 4. 192, 2, 3. 199, 3, 4 (Variante nach
a, c.). 205, 2.

Die in Konrad von Würzburg's Gedicht «Engelhart
und Engeltrût» und im «Lohengrin» geschilderten Kampf-
episoden zwischen den Helden Ritschier von England und
Dietrich von Bern einerseits und zwischen dem Gralritter
Lohengrin und seinem Gegner Graf Telramund andererseits
zeigen — vielleicht unter dem Einflusse ihrer romanischen
Vorbilder und der christlich-kirchlichen Richtung ihrer Ent-
stehungszeit entsprechend — den ausgesprochenen Charakter
des Gottesurteils und wahren auch in ihrer Darstellung
genau die Formen des gerichtlichen Zweikampfes mit allen
seinen festgefügten, durch alte Tradition gut erhaltenen
rechtlichen Gebräuchen und sprachlichen Ausdrücken. Zur
Bekräftigung dieser Behauptung mögen aus den beiden
Gedichten etwa die nachstehend angeführten Stellen als
die bezeichnendsten verglichen werden. Engelhart (Ausgabe
Haupt-Joseph). v. 4003—4029. 4034 - 4051. 4088—4093.
4108—4117. 4119/21. 4128—4133. 4160/1. 4444—4447.
4462/3. 4476/7. 4526—4529. 4656—4663. 4666—4669.
4672–4675. 4710/11. 4745–4749. 4756/7. 4806/7. 4828–4832.
4848/9. 4872/3. 4902/3. 4954—4961. Lohengrin (Ausgabe
Rückert). v. 251/2. 264/5. 349—353. 378. 506—508.
511/12. 575/6. 590. 688. 819/20. 830. 864—868. 886—888.
1246—1248. 1914/5. 1997—2000. 2135—2138. 2167.
2201—2205. 2237—2246. 7157/8. 7167/8. Schilderungen
ganz ähnlicher Art, die mit den früher erwähnten eine bis auf
die gleichen Ausdrücke gehende Uebereinstimmung zeigen,
finden sich noch in zahlreichen anderen Werken dieses und
des späteren Zeitraumes höfischer Dichtung. So ist etwa
noch auf die gleichartigen Verhältnisse im Schwanritter
Konrad's von Würzburg und auf das von zahlreichen
Kampfschilderungen durchsetzte Gedicht von Reinfried von
Braunschweig (Ausgabe: Bibl. d. Stuttg. Litt.-Ver. Bd. CIX)
hinzuweisen. Ähnliche Auffassungen vom Kampfwesen und
selbst vom Turnier als einer Art gerichtlicher Entscheidung

unter göttlichem Beistande zu Gunsten in Anspruch genom-
mener Rechte und Ehren finden sich noch bei vielen Dichtern
ritterlicher Epen und auch in den verschiedenen Rechts-
büchern hat sich diese Anschauung lange erhalten. Für
die betreffenden Redensarten und Ausdrücke ist dabei wieder
die reichhaltige Sammlung des erwähnten Grimm'schen
Aufsatzes (Kl. Schr. III, besonders pag. 539—543) nachzusehen, wo sich unter anderen noch folgende deutliche
und bezeichnende Stellen finden: Wilhelm v. Orlens v. 11303.
sich veile geben mit sînem kampfe in einen strît.
Ferner im Apollonius, wo ein gerichtlicher Zweikampf
zwischen einer Jungfrau und einem Manne geschildert wird,
v. 20'017: ich wil ez hiute bringen mit kampfe ûf
sînen veigen lîp. Im Schwabensp. 187, 8 heisst es: got
muoz ez under in scheiden mit kampfe; und ebenda
404,45: einen verstên mit kampfe, d. h. für eines andern
Recht kämpfend eintreten (vgl. auch 404, 48). Die damit
meist übereinstimmenden Wendungen des Sachsenspiegels
hat Homeyer in seiner Ausgabe I, 340 zusammengestellt.

Ich will hier noch erwähnen, dass in dem Gedichte van
Bere Wisselauwe (vgl. Quellen und Forschungen, Heft
Nr. 65, Strassburg 1889, pag. 66 ff.) das zottige Ungetüm
an zahlreichen Stellen mit dem respectvollen Namen eines
«kempen» bezeichnet wird, gleichsam als der gefürchtete
Vorkämpfer Gernots, seines Herrn und Führers. Im Übrigen
ist noch auf eine längere Schilderung eines Zweikampfes
zwischen gemieteten, im Solde ihrer streitenden Herren
stehenden Kämpen zu verweisen, die zwar einen etwas
komischen Charakter hat, manche Einzelheiten aber doch
recht genau und ausführlich wiedergibt, welche aber wegen
ihrer Ausdehnung notgedrungen in den Anhang gestellt
werden musste. Diese Episode, ein Ereignis aus dem Jahre
1236, das bei einer Fehde zwischen Herzog Heinrich von
Brabant und dem Bischofe von Lüttich sich abspielte, ist
mir in zwei, nicht allzusehr von einander abweichenden
Überlieferungen zugänglich gewesen. Die eine, etwas um-

fangreichere und wie mir, nach der Sprache zu schliessen, scheint ältere Aufzeichnung, findet sich abgedruckt im Spiegel Historiaal, of Rym-Spiegel, zynde de nederlandsche Rym-Chronyk, van Lodewyk van Velthem, Priester, voor ruym 400 Jaaren in Dichtmaat gebracht. Uitgegeven en met noodige verklaaringen opgeheldert, door Isaac le Long. T'Amsterdam, 1727, pag. 38—42 (I. Boek, cap. 28—30). Die zweite, kürzere und jüngere Fassung steht (nach einer Papierhandschrift vom Ende des 14. oder Anfang des 15. Jahrhunderts, die das 4. Buch der «Brabant'schen Yeesten» enthielt und früher Eigentum der Abtei von Affligem war, dann als Geschenk an das Reichsarchiv in Brüssel überging) nebst drei interessanten Abbildungen dazu, die den Miniaturen der erwähnten Handschrift entnommen sind, im Belgisch Museum voor de nederduitsche Tael-en-Letterkunde en de Geschiedenis des Vaderlands, uitgegeven noor J. F. Willems, Deel I. (Te Gent, 1837), pag. 26—32 abgedruckt. Neben dieser Aufzeichnung soll sich, wie Willems (a. a. O., pag. 32) mitteilt, nur noch eine Darstellung dieses Vorfalles vorfinden, nämlich in einer anderen Abschrift der «Brabant'schen Yeesten», die von Hein van Damme für die Stadt Brüssel im Jahre 1444 angefertigt worden war, in welcher dem betreffenden Ereignisse die Blätter LXXVIII und LXXIX gewidmet sind. Das ist, was an dieser Stelle noch über die Ueberlieferung des äusserst wertvollen und erheiternden, sittengeschichtlich nicht unwichtigen Zeugnisses für die weite Verbreitung des sogenannten «kampflichen gruozes» und die oft auch ergötzlichen Situationen, die seine Anwendung etwa mit sich brachte, noch kurz anzuführen war.

Nunmehr verlassen wir das mehr religiöse und rechtliche Gebiet der Kämpen, um zu den Fechtern überzugehen, worunter zunächst die höfischen Fechtmeister und Vertreter ritterlicher Waffenübungen, später dann auch ihre entarteten Ausläufer, die Klopffechter einerseits und die bürgerlichen, handwerksmässigen Berufs- und Gelegenheitsfechter der Fechtergesellschaften andererseits, bis herab zu den vagierenden Seiltänzer- und Gauklerbanden und den von Ort zu Ort wandernden und «fechtenden», d. h. bettelnden Handwerksburschen, zu verstehen sind. Zunächst mögen einige Stellen das Auftreten von Fechtmeistern an den ritterlichen Höfen des Mittelalters und die sorgfältige Pflege des edlen Waffenspieles daselbst, sei es zur heiteren Ergötzung bei Festlichkeiten oder zur wehrhaften Erziehung für den kriegerischen Ernstfall, belegen. Denn als Kunst wurde der Gebrauch der Waffen von dem tüchtigen Manne stets angesehen und gehandhabt, mag es friedliches Spiel gewesen sein oder bitteren Ernst gegolten haben. Zur Bezeichnung speciell der Thätigkeiten der Fechtkunst stehen in vielen unserer Quellen (vgl. die weiter unten angeführten Zeugnisse) die Ausdrücke «fechten» und «schirmen» nebeneinander, ursprünglich wohl so gebraucht, dass das erstere die Angriffshiebe und die Kunstformen der Offensive, das letztere dagegen die Parierhiebe und die Abwehr- und Verteidigungskunst, die Defensive, bezeichnete, wie es auch in der Grundbedeutung der Worte selbst schon liegt, indem «fechten» ein eifriges, rühriges und hastiges Bewegen der Hände in der Luft, und zwar sowohl mit als ohne Waffe (vgl. die Ausdrücke «fuchteln» und «Fuchtel», die auch hierher gehören, sowie das schweiz. dialektische «fechten» = eine Arbeit hastig und unruhig verrichten, sich mit etwas eilen),[1] «schirmen» aber ein kühlüberlegtes, bedächtiges und besonnenes Schützen und sich Decken in sich schliesst. Doch hat «schirmen» die Bedeutung beider Seiten der Fechtkunst in sich vereinigt und wird, wie später «fechten», im allgemeinen Sinne für das Ausüben kriegerischer Kunst verwendet. Es haben also davon abgeleitete Aus-

---

[1] Grimm und Kluge stellen in ihren Wörterbüchern «fechten» (ahd. fëhtan, mhd. vëhten, ae. féohtan, ne. fight); etymologisch zum mnd. vechten   afr. fiuchta lateinischen ,pugnus, pugna, pugnare, pugil', was möglich, aber nicht erwiesen ist.

drücke, wie «Schirmmeister, Schirmschild, Schirmschlag, Schirmschwert, Schirmknabe, Schirmwaffe» etc. vollständig den umfassenderen Sinn von «Fechtmeister» u. s. f. Zu bemerken ist noch, dass beide Ausdrücke, wie übrigens auch alle anderen auf verwandte kriegerische Leistungen bezüglichen, ohne Unterschied sowohl zur Bezeichnung der blossen erzieherischen Übung oder des zur Unterhaltung veranstalteten ritterlichen Spieles, als auch bei der Schilderung des eigentlichen Kampfes und ernsthaften Streites auf Tod und Leben, z. B. bei Darstellung von Zweikämpfen oder von grösseren Schlachtscenen, ganz in gleicher Weise, und oft der eine für den anderen stehend, verwendet werden, eben weil der Unterschied zwischen Scherz und Ernst im Kampfspiel (vgl. z. B. den Übergang vom Scheingefechte zum ernsthaften Wettstreit in Kudrun 366, 1, 2 mit der Formel: «lâz âne vride sîn unser beider schirmen», und die Anmerkung zu dieser Stelle [Ausgabe v. Martin, pag. 84]) für das germanische Volksbewusstsein, das allen Äusserungen seiner urwüchsigen Kraft das gleiche, warme und rege Interesse entgegenbrachte, ein so überaus geringer war. Wenn wir daher in unseren Kampfschilderungen verschiedene Ausdrücke für die gleiche Sache gebraucht und dieselben häufig wechseln sehen, so ist das mehr einem Bedürfnis nach poetischer Variation der Darstellung zuzuschreiben, als dass den formalen, sprachlichen Unterschieden auch tiefergehende, inhaltliche Sinnesdifferenzen entsprechen würden. Eben das häufige Streben nach Variation im Ausdruck zur Erleichterung breiter und wiederholender Ausführung dieser besonders interessanten Partien der Erzählung, wie überhaupt die ganze Fülle des Wortschatzes der Sprache auf dem Gebiete kriegerischer Bethätigung, — ein Reichtum, der durch Übernahme einer grossen Anzahl von Fremdworten unter dem Einflusse romanischer Cultur und Sitte noch sehr erheblich erhöht worden ist, — können uns deutlich beweisen, wie sehr das Kampfmotiv im Mittelpunkte des Interesses und des ganzen geistigen Lebens der germanischen Völker-

schaften gestanden hat. Und ein weiterer beredter Zeuge
des mächtigen und tiefgehenden Einflusses, den dieses teils
auf mythologischer Anschauung, teils auf historischen Verhältnissen (Völkerwanderung, Christianisierung, Kreuzzügen,
Kriegsfahrten etc.) beruhende Übergewicht einer kriegerischen Weltauffassung auf das gesamte deutsche Cultur-
und Sprachleben ausgeübt hat, ist der grosse Bestand von
kräftigen, naiv-sinnlichen, im Volksbewusstsein von heute
noch tiefeingewurzelten Redewendungen und sprachlichen
Ausdrücken, von Formeln und Sprichwörtern, die gerade in
den niederen, das Alte am zähesten festhaltenden Volks-
schichten noch am weitesten verbreitet und am besten erhalten sind und welche alle noch mehr oder weniger deutlich
erkennbar dem grossen Gebiete des Kampflebens entstammen
oder doch in Anlehnung an jenen kriegerischen Gedanken-
kreis verwendet, umgedeutet oder gar neugebildet worden
sind. Nun aber zurück zum «Fechten und Schirmen» der
ritterlichen Jugend und der tüchtigen Helden an den Höfen der
Fürsten oder auf den Turnierplätzen der Städte, wie es in
den Zeiten des deutschen Mittelalters in Scherz und Ernst
so eifrig gepflegt und so häufig in den Zeugnissen der
Heldensage und anderen Ritterdichtungen dargestellt worden
ist. Die ausführliche Schilderung eines heiteren Fechter-
kampfes, die sog. Fechtprobe zwischen den Helden Wate
und Hagen, wie sie uns das Kudrunlied bietet, gebe ich in
den Beilagen (vgl. dort Nr. I) wieder in Anbetracht ihrer
grösseren Ausdehnung und verweise hier nur noch auf
mehrere, kleinere Stellen, wo von diesen Künsten oder
auch ihrer ernsthaften Anwendung die Rede ist, ohne in-
dessen hier, wie gleich bemerkt sein mag, den Gegenstand
etwa schon erschöpfend behandeln zu wollen; denn dazu
bedürfte es noch eines viel umfassenderen Materiales, als
es mir bis heute zu Gebote stand. Zunächst die Zeugnisse
dafür, dass das Fechten ein Hauptbestandteil in der höfischen
Erziehung junger Ritter, neben der auch in anderen Künsten
geforderten Tüchtigkeit und Ausbildung, war, weshalb solche

Waffenübungen und Ritterspiele auch bei keinem grösseren
Hoffeste unter den üblichen Kurzweilen und Unterhaltungen
fehlen durften. Dafür geben folgende Stellen eine Anzahl
Belege:

«Nînus lêirti sîni man
«aribeiti lîdan,
«in gewêfinin rîtin,
«daz si vreisin gidorstin irbîtin,
«schiezin unti schirmin;» Annolied v. 139—143.
«und hiez in lêren schirmen.» Lanzelet v. 279.
«vehten, rennen, springen,
«loufen, schirmen, ringen,
«zabeln unde kugelspil,
«rotten, gîgen, harpfen vil,
«und krâm allerhande
«von alder welte lande,
«daz vint man tegelîches dâ,
«mêr dan iender anderswâ:
«des ist der turnei dar geleit.» Lanz. v. 2675—2683.
«Aller hande riterspil
«Lêrten in die riter vil,
«Buhurdieren, unde stechen,
«Diu starchen sper zebrechen,
«Schirmen, unde schiezzen.» Wigalois v. 1254—1258.
«Dise turnierten dâ,
«So schirmten die anderswâ.
«Si sâhen buhurdieren,
«Die knappen tiostieren,
«Tanzen, unde singen,
«Schiezzen, unde springen;
«Als ich iu nu sagen wil,
«Aller hande riterspil
«Was dâ âne mâze vil.» Wigalois v. 2648—2656.
«schirmen mit den schilden und schiezen manegen schaft.»
    Nib. 307, 2—3.
«wol schirmen, starke ringen,
«wol loufen, sêre springen,
«dar zuo schiezen den schaft,
«daz tete er wol nâch sîner kraft.» Tristan v. 2111—2114.
«swâ er die schirmmeister vant
«mit schilde und buckelaeren,
«er hiez im ie bewaeren
«die kunst bescheidenlîche.

«den jungen kunic rîche

«ein meister lêrte ûz Îrlant,

«daz diu kunst des heldes hant

«über alle schirmaere truoc:

«daz zuo was er starc genuoc.

«vil ellenthafte stuont sîn muot.» Biterolf v. 2134—2143.

«er schutte ez als ein schirmswert. Bit. v. 2171.

«der vil starke küene man

«truoc dem getwerge haz.

«eins schirmslages er niht vergaz,

«den lêrte in meister Hildebrant.» Laurin v. 1476—1479.

«sîn zühte meister Schŷron

«lêrt in behendekeite vil:

«schâchzabel, schirmen, seitenspil

«und singen mit dem munde,

«daz muoste er gar von grunde

«biz ûf ein ende kunnen.» Trojanischer Krieg v. 6162—6167.

«buhurt unde rîterschaft,

«schermen, springen, schiezen den schaft,

«loufen unde ringen,

«herpfen, rotten, singen:» Otte's Eraklius v. 2665—2668.

«Man lêrt die jungen fürsten manic ritterspil:

«schirmen unde vehten und schiezen zuo dem zil,

«springen nach der wîte und schüten wol den schaft,

«ûf satele rehte sitzen: des wurdens dicke sigehaft.

«Man lêrt die jungen fürsten die schilte rehte tragen,

«mit scharpfen gêren schiezen durch halsberc und durch kragen,

«swâ man in herten stürmen gên vînden solte stân,

«ir helme ze rehte binden lêrte man die jungen man.

«Man lêrt sie wie sie solten werfen wol den stein

«daz sie den prîs behielten: ir kraft was niht klein» Wolfdietr.

    D. III, 3—5, 2.

«dô wart geturnieret von rittern mit dem swert.

«stechen vor schoenen frouwen vant man dô genuoc,» Wolfd.

    D. VIII, 339, 2—3.

«ûf dem velde über al

«vant man kurzwîle vil

«und aller hande ritterspil:

«tanzen, bûhurtieren,

«dise tjostieren,

«jene loufen, dise springen,

«schirmen unde ringen.

«dise wurfen den stein,

«sô wurden jene des enein,
«daz si schuzzen den schaft.»   Garel v. 10'435—10'444.
«man vant dâ vreuden vollen gelt.
«swie der man wolte leben,
«diu wal was im wol gegeben.
«wolt er buhurdieren,
«tanzen, tjostieren,
«loufen oder springen,
«den stein werfen oder ringen,
«s c h e r m e n, den schaft schiezen,
«swen des niht wolt verdriezen,
«daz er hôrte seitspil,
«des was âne mâze vil.
«swaz der man gerne sach
«nâch sînem willen daz geschach
«ze vreuden, als er gerte.»   Garel v. 20'134—20'147.
«g e s c h e r m e n und gefechtin.»   Ritterspiegel v. 2718.
«s c h i r m e n, r i n g e n, tanzen und springen.»   Fastnachtspiele
     266, 16.
«ich haisz ritter Fridereich
«und hab im lant zu Markandeich
«mit s c h i r m e n gewunnen r i t t e r s c h a f t.
«mein s c h i r m s c h l e g die haben kraft.»   Fastnachtsp. 363,11—14.
«ich zerhaw im seine brünne
«mit a i n e m s c h i r m e n s c h l a g.»   Hildebrandslied. (Uhland,
     Volksl. [2.] 250.).
«dar sach men s c h e r m e n unde v e c h t e n.»   Reineke Vos. II,
     1. v. 3301.

Nunmehr mögen noch eine Anzahl Stellen hier angeführt werden zum Belege dafür, dass die gleichen Ausdrücke des «Fechtens» und «Schirmens», wie sie bei den
harmloseren Uebungen und Spielen erscheinen, auch da
auftreten, wo es sich um ernsthaften Streit der einzelnen
Helden in der Schlacht oder im Zweikampfe handelt.

«wir schuolen m i t den s w e r t e n
«daz uelt mit in geteilen.»   Ruolandesliet. 77, 22/3.
«der site was unter gûten knechten
«si cunden w o l u e c h t e n
«mit spiezen unt mit gêren,
«des flîzten sich die herren.»   ebenda 157, 6—9.
«er v i h t e t in allenthalben sige.»   Alexander v. 2286.

‹hien vihtet niemen mit iu zwein.› Iwein v. 5291.

«daz er für mich vehte.› Parzival 701, 25.

‹un veht ab ir niwan mit zwein.› Parzival 707, 24.

‹er schirmde manege wîle

‹dar nâch sluog er mit île.› Wigalois v. 7155/6.

‹ein schilt er ze schirmen truoc.› ebenda v. 7358.

‹do entweich im der junge degen

«mit scherme allez ûf den sal.› ebenda v. 7501/2.

‹ir ietweder schermen für starke wunden began.› Nib. 2155, 4.

‹. . . . . schermen im began

‹der hêrre von Berne vor angestlîchen slegen.› ebenda 2286,
   2—3.

‹dô si hie bi Etzel vâhten manegen wîc.› ebenda 1735, 2.

‹Er vrâgte, wâ si waeren durch vehten hingeriten.

‹dâ ze Portegâle haben wir gestriten. Kudrun 222, 1—2.

‹Tristan mit sînem kolben vienc

‹alle sîne slege, wan er was kluoc

«und konde ouch rechtes schirmes gnuoc.› Heinrich's
   Tristan v. 5600—5602.

‹ich hàn vor Troie dicke daz beste getân,

‹ich hân gevochten manigen strît,

‹daz mir an swertslegen nie misselang:

‹ich slagen ouch hute wunden wît.› Morolt 755, 2—5.

‹Nû schirme, kunig Princiân,

‹ez muz dir an dîn leben gân.› ebenda 771, 1—2.

‹des siht man zallen zîten

‹ûf vil hertez strîten

«schirmen lêren dâ diu kint. Biterolf. 357—359.

‹wan iu ist gewizzen,›

«sprach der helt vermezzen,

«der von arde ein künic sî,

«dem sult ir wan slege drî

«bieten und deheinen mêr;› ebenda. 10'882—10'886.

«slaht ir ûf mich iht mêre,

‹ir verlieset lîp und êre.› ebenda. 10'889—10'890.

‹dô sluoc im der wîgant

«einen solhen widerswanc

«daz Heimen daz swert spranc

«von dem slage ûz der hant.› ebenda 10'926—10'929.

«sîn swert er im ze schirme bôt.› Laurin v. 512. 1430.

«daz swert » » » » » » ebenda v. 688.

‹der vil starke küene man

‹truoc dem getwerge haz:

«eins schirmslages er nicht vergaz
«den lêrte in meister Hildebrant.» Laurin v. 1476—1479.
«mit schirmen muoste er sich fristen
«vor Walberânes kluogen listen.» Walberan v. 1129/30.
«schermet iuch vor mînen swinden slegen.» Alphart 156, 3.
«mit wem sol ich nu vehten? sprach von Riuzen Ỹljas.».
    Ortnit IV, 324, 4.
«do schermten in die recken
«mit den schilden, die sî truogen.» Eraclius v. 4822/3.
«dô sach man slege mezzen die jungen künege rîch:
«baz dan ander zwelve tete ez Wolfdietrîch.» Wolfd. D. III, 8, 3—4.
«er vaht gar krefticlîchen mit dem werden Kriechen guot.»
    ebenda D. IV, 48,4.
«Sie vâhten hie ze walde, die zwêne küene man» . . . .
    ebenda D. IV, 49, 1.
«het ich erslagen hiute dich,
«dô wir uns dar zuo wâgen,
«daz wir schirmens pflâgen,» Konrad v. Würzburg's Troj.
    Krieg v. 360—362.
«sîn herze was versunnen
«ûf schirmen ouch sô rehte wol.» Troj. Krieg v. 4738/9.
«Pârîs und Hector wâren frô
«getreten beide in einen rinc . . . .
«daz sî dâ schirmens pflâgen.» ebenda v. 5015.
«er stuont ouch an dem ringe breit,
«in dem geschirmet wart alsô. ebenda v. 5054/5.
«nû schirment iuch! daz tuot iu nôt.» ebenda v. 34'876.
«dô vant er Pârîsen dâ
«schirmende mit Hector iesâ
«der sich dô des mit zorne wac,
«daz er im einen grimmen slac
«wolte geben dô zehant.» ebenda v. 41'853—41'857.
«mit zorne der ungehiure
«an Gâwein den ritter spranc
«und nam,im dâ sunder danc
«den schilt, den er ze scherme bôt.» Krone v. 13'282—13'285.
«daz swert er im ze scherme bôt.» ebenda v. 15'191.
«er gie doch mit schirmen vor
«disem, wan er truoc als embor
«den schilt durch schirmes nôt.» ebenda v. 27'128—27'130.
«und er mit laezlîchen siten
«vor Gawein schirmens pflac.» ebenda v. 28'090/1.
«vil manegen ungevüegen swanc

«enphienc von sîner werden hant
«Gilâm, der fürste wert erkant.» Garel v. 15'134—15'136.
«man sach si vehten vor den scharn
«zwein küenen helden vil gelîch.» ebenda v. 15'202/3.
«Êrec, der ie daz beste tet,» ebenda v. 19'928.
«mit kolben und mit schilten
«was ir vehten daz sî triben.» Reinfried v. Braunschweig
    v. 19'342/3.
«helm und schilte scherten
«sach man mit swertes swanke.» ebenda v. 20'118/9.
«o edler fürst, ich pit euch sêr,
«fecht hie für mich durch gotes êr.» Fastnachtspiele 548, 27.

Diese Stellen, die leicht noch um ein Beträchtliches
vermehrt werden könnten, mögen einen kurzen Überblick
geben über die bei den verschiedensten Kampfweisen und
ihren Schilderungen gebräuchlichen Ausdrücke, von welchen
uns später eine grosse Anzahl im übertragenen Sinne
verwendet wieder begegnen wird. Wir wenden unseren
Blick nun noch auf einen Umstand, der es uns vielleicht
am ehesten glaubwürdig erscheinen lässt, dass in dem
germanischen Kämpen- und Fechterwesen noch gewisse
Spuren der alten römischen Gladiatorengebräuche
und Tierhetzenschauspiele, leider gleichsam als eine Art
von erblicher Belastung zurückbleibend, zu erkennen sind.
Denn in der That ist es auch nur die Hefe dieses ohnehin
social nicht allzu hoch stehenden Standes, die sich früher
und später besonders dieser niederen Kampfkunst zugewendet
hat. Bereits Gustav Freytag hat in seinen Bildern aus der
deutschen Vergangenheit, Bd. I, pag. 276, kurz und treffend
auf diesen Übelstand der Übertragung verdorbener römischer Sitten auf die, wenn auch rohe und urwüchsige, doch
nicht so raffinierte und mit Vergnügungen gemeinster Art
nicht so übersättigte germanische Culturwelt aufmerksam
gemacht; er sagt daselbst: «In den Amphitheatern
«aber wurden grosse Jagden veranstaltet. Die
«Kämpfe mit wilden Tieren waren unter den Franken
«sicher ebenso blutig als in römischer Zeit; die
«Tierkämpfer und Gladiatoren wurden nicht mehr

«in grosser Schola gezüchtet, aber sie bildeten
«immer noch eine Genossenschaft, welche sich an
«Fürsten und Grosse hing oder abenteuernd in der
«Fremde zu Festkämpfen vermietete; sie waren
«unehrliche Leute auch in den Augen der Germa-
«nen, aber sie blieben als Raufbolde und Meuchel-
«mörder verdorbener Grossen, trotz dem Hohn,
«mit welchem das Gesetz sie behandelte, und trotz
«dem Hass der Kirche durch das ganze Mittelalter
«lebendig.» Leider ist es nicht dabei geblieben,
dass fremde Künstler an den deutschen Höfen ihre
Darbietungen ohne Scham und für guten Lohn abhalten
durften, sondern der deutsche Mann selbst stellte sich als
Gaukler und Abenteurer in den Dienst dieser widerwärtigen,
wenn auch gern zugelassenen Kunst, wie uns zahlreiche
noch erhaltene Bezeichnungsweisen für solche Leute bezeugen
können. Schon im Rolandsliede begegnet uns ein Hinweis
auf derartige Vergnügungen, wo neben den sonstigen Unterhaltungen am Hofe Karls auf Tierkämpfe hingedeutet wird,
die in seinem Garten stattfanden, was man wohl bereits
als ein aus der damaligen Zeit entnommenes Sittenbild
verstehen darf. Ich gebe die Stelle hier im Auszug wieder:

«da vundin si inne
«die lewen also grimme
«mit den beren vechten.
«si sahen guote knechte
«schiezen unde springen.
«si horten sagen unde singin
«vil manigir slachte seitspil.
«aller wunne was da vil.
«die chonin vrâchemphen
«von ein ander wenchen
«si hiuwen mit den swerten
«uf den ulins herten
«daz daz vûr da obne uz spranc.
«si sahen daz die adelaren
«dar zu geweint waren.
«da si scate baren.

«si horten die phaht leren
«die edelin iuncherren
«unde schermen mit den schilten.
«wie di valchen spilten
«unde andir manic vederspil.
«aller werlt wunne was da vil.«
Ruolandesliet. (Ed. Grimm.) pag. 21, 7—27. 22, 1.

Bereits mit deutlicher Beziehung auf eine offenbare
Unsitte seiner Zeit und mit schärfstem Tadel dagegen lässt
sich Hugo von Trimberg in seinem Renner unter eigener
Rubrik dafür vernehmen:

«Von ringen mit wilden tiern.
«Der mak wol niht gar sinnik sin,
«Der sein leben als ein swin
«waget an leben oder an pern,
«Des tot, des er wol mohte enpern.
«wer sagt der konheit im dank?
»Da von sprach her freidank» . . . . Renner v. 11'564—11'569.

Man vergleiche dazu noch die Stelle aus Geiler von
Kaisersberg's Narrenschiff 146a (citiert bei Grimm, D. W. B.,
Bd. V, sp. 299/300 unter «Katzenritter»), die mit den beiden bereits angeführten bis auf die in ihr erwähnten Tierarten über-
einstimmt: «das dritt jagen ist jagen im sand, da etwan
«die menschen mûszten mit den thieren fechten,
«mit beren, lewen und mit andern ungezemten
«thieren, das ist auch verboten, die ist von gots
«genaden nit me im bruch, da das noch katzenritter
«seint, da man etwan mit dem narrenwerk umgat.»
Schon frühe scheinen übrigens derartige Spiele und Schaustellungen gerade mit Bären, allerdings nicht immer von
den ehrbarsten Leuten, selbst den Geistlichen und Klöstern
dargeboten worden zu sein. So haben wir dafür bereits
aus dem 9. Jahrhundert ein Zeugnis in dem Verbote des
Erzbischofs Hinkmar von Rheims an die Pfarrer seines
Sprengels, worin es heisst: «nec turpia ioca cum urso
vel tornatricibus ante se facere permittat» (in dessen
Capit. ad presbyt. 14 und ebenso, fast wörtlich wiederholt

in Regino de eccl. disciplina 2, 213) vgl. Wackernagel in
Zeitschft. f. d. Alt., Bd. VI, 185.

Die Bezeichnung «Katzenritter» scheint für solche
Kämpfer mit Tieren im eigentlichen und im übertragenen
Sinne die übliche gewesen zu sein. Frisch 1, 506a erklärt
das Wort aus Besold thes. pract. entnommen mit «qui
artem palaestricam lucri causa exercet», Lohnkämpfer.
Genauer noch ist Adelung in seinem Wörterbuch der
hochd. Mundart, II. Teil (1775), sp. 1520, der es folgendermassen umschreibt: «eine Art ehemaliger Klopffechter,
«welche sich um des Gewinnstes willen mit Tieren in ein
«Gefecht einliessen; zum Unterschiede von den Marks-
«brüdern und Federfechtern» (die er ebenda sp. 1641 nebst
den Luxbrüdern als besondere Arten der Klopffechter,
d. h. Leute, welche sich für das Geld mit allerley Arten
des Gewehres fechten sehen liessen, erwähnt). Für das
thatsächliche Vorkommen derartiger Schaustellungen und
ihrer Unternehmer habe ich noch eine Anzahl von rechtlichen, historischen und litterarischen Belegen hier kurz zu
erwähnen. Die Reformation des bairischen Landrechtes
vom Jahre 1518, Tit. 49, Art. 5 (in der Ausgabe von 1588
fol. 156) bestimmte, dass der Vater den Sohn enterben
könne: «so der sun ein katzenritter wäre oder der-
«gleichen sich understanden hette mit andern thieren
«zu peiszen (= hetzen, jagen) und zu fechten», vgl.
Schmeller B. W. I, 208. II, 346. Und nach Öfele, Rerum
Boicarum scriptores I, 307 (vgl. Schmeller B. Wb.[2] I, 815
unter «Freyhart») bestimmen die bairischen Landrechte von
1553 und von 1616, fol. 164, dass ein Kind enterbt werden
könne: «so ohne der Eltern Willen sich in leichtfertig
«Übung und Buebenleben begebe, als so es ein Freyharts-
«bueb oder ein Gauckler wurde, oder liesse sich, mit
«den Thieren zu kämpfen, umb Geld bestellen.»
Gemeiner's Regensburgische Chronik Bd. III, 177 berichtet
de anno 1449: «gab ein katzenritter in Regensburg das
«schauspiel eines wilden thiergefechts. dafür ist im stadt-

«buch verrechnet 12 dn.» Ferner erzählt uns J. Berkmann's
Stralsunder Chronik (herausgegeben v. Mohnike und Zober,
vgl. s. 177) zum Jahre 1414 folgendes Ereignis: «do bet
«de kattenridder up dem olden markede to vastelavend
«de katte, und de rat stund up dem olden markede und
«segen dat an, und hadden de katte genagelt an den kake
«(= Pranger). do he se hedde doet gebeten, do schloch herr
«J. Culpe ene to ridder, de was ein borgermeister und ok
«en ridder». Auf solche Verhältnisse bezogen sind wohl
auch verschiedene Anspielungen zu verstehen, wie etwa
in folgenden Stellen, welche ich Grimm's deutschem Wörterbuche entnehme: «da sprangen alle affen auf ihne, zerrissen
«und zerkratzten ihne dermaszen, dasz er einem katzen-
«soldaten gleich sahe». Narrenhatz (1617) 336, oder:
«solch unserm gefecht (des Springinsfeld mit einer Katze)
«konten beide begierige und ohne das zum katzenkrieg
«abgerichtete hunde nicht lang zusehen». Simplic. I, 432.
Daher mag auch die für einen übelzugerichteten und
zerzausten Menschen verwendete Redensart «er sei unter
den Katzen gewesen», die schon früh vorkommt (vgl. z. B.
«den grüszt ich und zu red ihn stelt, wo er gewest wer
untern katzen». H. Sachs 1, 519c (1590. 389a) oder
«im gesicht war er verkratzt, als ob er mit den katzen
gessen hätte». Philander (1650) 2, 343), ihren ersten
Ursprung und ihren nunmehr nicht mehr völlig verstandenen
Sinn genommen haben. Auch Michael Behaim in seinem
1462—1465 verfassten Buch von den Wienern spricht an
einigen Stellen von dieser Sorte Leute und nennt sogar
einige Namen von Katzenrittern:

«auch ainer dez anhebner
«nant sich her friedrich ebner.
«Kaczenritter was er genant,
«ains fragners sun auss frankenlant.
«uor Zeiten, alz ich ez uernam,
«ernert er sich mit ainem kram.
«er waz riter der krausen,
«wu man den wein sol pausen.
«Wann so yn der wein machet hicz,

«so gewann er uil weisshait und wicz.
«sein riterschaft waz weit uermert,
«an drein kaczen er daz pewert‚
«mit den waz er sich reissen
«vnd dy zu tad erpeissen.
«Wy wal unser herr kaiser in
«zu riter slug auff guten sin,
«daz er dy selben riterschafft
«peweren solt nach rehter krafft,
«so hat er sein doch nichten
«pewert in kainen pflichten.»   (Ed. Karajan. 1843. Wien)
      [pag. 5, 12—31.
«[und auch der pinder hans kircham,]
«der kaczen riter, mit dem nam
«her fridrich ebner, fragners gsleht».   pag. 35, 30—32.
«Auch so woren dy schelk unrain,
«die ualschen wiener ich da main,
«der etlicher gen tuln hin kam.
«her fridrich ebner mit dem kram,
«daz waz der kaczenriter,
«der petrunken und piter,
«Und der kelber arczt hans kircham.»   pag. 338, 19—25.

Zum Beschlusse dieser Angaben möge noch die Bemerkung Platz finden, dass sich sogar noch für das 17. Jahrhundert eine Nachricht über Bärenhetzen in Danzig findet,
die bei Anlass des Auftretens einer Comödiantentruppe
daselbst im Jahre 1643 erwähnt werden, eine Notiz, die
ich Bolte's reichhaltiger Abhandlung über das Danziger
Theater im 16. und 17. Jahrhundert in den theatergeschicht-
lichen Forschungen Bd. XII (Hamburg 1895), pag. 70 entnehme, woselbst sich auch (pag. 66, Anmerkung 1) noch eine
Mitteilung nach Teuber, Prager Theater I, 71 findet, wonach im Jahre 1655 in Prag zwei polnische Tänzer und
«Bärenspieler» erschienen, die wohl ähnliche Schaustellungen veranstaltet haben werden.   Endlich verdanke
ich einer freundlichen Mitteilung von Prof. Martin die
Notiz, dass Oldenburger's Itinerarium politicum (Bibl. zu
Freiburg i. B.) noch um 1680 Tierhetzen in Wien erwähnt.
Diese letzten Betrachtungen haben uns ganz von selbst

hinübergeleitet zu dem, was uns jetzt noch zu behandeln übrig bleibt, zur Darstellung des Fechterwesens der späteren Zeit, seiner Ordnungen und Gebräuche, sowie seiner Vertretung in der zeitgenössischen Litteratur. Daran mag sich dann endlich noch ein kurzer Blick auf den Zusammenhang, in welchem die Fechtschulen und die Schwerttänze unbestreitbar stehen, anschliessen. Mit dem allmälig sich vollziehenden Verfall des Rittertums, dem Sinken höfischer Zucht und Bildung, der allgemeinen Verwilderung der Sitten ging natürlich auch der Verlust der kriegerischen Waffentüchtigkeit Hand in Hand. Von den Städten, die in beständiger Fehde mit ihren adeligen und fürstlichen Nachbarn lagen und deren Bürgerschaft für die grösseren Kriege nunmehr auch die Hauptcontingente an kriegstüchtiger Mannschaft stellte, wurde das Waffenhandwerk jetzt eifriger betrieben; sie hielten sich zur Ausbildung ihrer Truppen Waffen- und Zeugmeister und liessen ihre Leute durch Fechtmeister schulen und drillen. Aber auch die Bürgerschaft als solche pflegte jetzt — wie sie dem sinkenden Minnesang in ihren Meistersingerschulen neue Pflege angedeihen lassen wollte und wenigstens Manches von ihm, wenn auch in verrohter und verkünstelter Form noch für die Nachwelt gerettet hat, — mit Hülfe der Zünfte und Handwerkergilden die Fechtkunst eifrig, teils wohl um die Waffenfähigkeit für den Kriegsfall zu erhöhen und stets ausgebildete Sachkenner zur Verfügung zu haben, teils aber auch aus reiner Freude an dieser etwas rohen und aufregenden Kunst, die manche willkommene Gelegenheit zu öffentlichen, festlichen Aufzügen und zu belustigenden Schaustellungen und Volksunterhaltungen bot. Es sind nunmehr diese Verhältnisse noch etwas genauer zu betrachten und von den verschiedenen, darüber bekannten Thatsachen die wichtigsten hier zu erwähnen. Zunächst ist auf die in zahlreichen Bibliotheken liegenden, teilweise noch unausgebeuteten Fechtbücher und Fechterhandschriften hinzuweisen, die vermuten lassen, dass sich an den be-

treffenden Orten ihrer Entstehung oder Herausgabe zum
mindesten Fechtmeister befanden — da sie von solchen
ja zumeist verfasst worden sind — wenn nicht auch
ganze Fechterschulen oder Fechtergesellschaften
daselbst bestanden haben, zu deren Anleitung und
Gebrauch die Bücher geschrieben waren. In der gleich-
zeitigen Litteratur sind ausser den grösseren, poetischen
oder prosaischen Beschreibungen ihres Auftretens und ihrer
Künste, auf die ich nachher noch einmal zurückkommen
werde, zahlreiche Zeugnisse und Äusserungen über ihr
Vorhandensein, Leben und Treiben erhalten, von welchen
ich hier einige zusammenstellen will. Manche davon
haben der Roheit ihres Gewerbes entsprechend einen ver-
ächtlichen oder tadelnden Character, der neben der Beliebtheit solcher Fechterkünste auch ihre grossen Schattenseiten
und Gefahren deutlich zum Bewusstsein bringt. In den
Chroniken der deutschen Städte des 14. bis 16. Jahrhunderts,
Nürnberg Bd. II (Leipzig 1864), pag. 289, 19/20 erscheint:
«Zu den karnpüchsen unter die tor: Heincz Widerolt, maister
«Pauls, schirmmaister, Claus Stör ... etc.», der einzige
Name eines Fechtmeisters (ob in privaten oder in städtischen
Diensten stehend, ist mir nicht recht ersichtlich), der mir
bis jetzt in amtlichen, städtischen Urkunden begegnet ist.
Im Codex germanicus Monacensis Nr. 3989 fol. 8 findet sich
die Notiz «1409 facht der Marschalk und Hächsenacker
mit ainander am Weinmarck» (zu Augsburg) (vgl. dazu wie
für die beiden folgenden Angaben Schmeller B. Wb. 1.
687/8), die vielleicht als eine der ältesten Nachrichten über
einen ernstlichen Zweikampf von Fechtern anzusehen ist,
falls es sich dabei nicht um einen blossen Ehren-
handel anderer Persönlichkeiten handelt. Dann macht
Hieron. Harder in seinem Cod. iconogr. 3,
fol. 169 die Mitteilung: «Herzog Albrecht von Bayern badt
aO. 1577 zu Überchingen im Sauerbrunnen. Do zu
mal lag ain freyfechter aldo zu Überchingen.» Und
Dr. R. Minderer berichtet in seiner Kriegsarzney (medicina

militaris. Augsburg 1620), pag. 207, dass ein «furnemer
fechter von Nurnberg, so Kammeysen gehaissen», von
ihm geheilt worden sei. Johannes Schmidt lässt sich in
seiner langen Duellpredigt unter der Überschrift: «Was
von Duellen, Ausforderungen, Balgen, rauffen und schlagen
nach Heiligem Göttlichem Wort zu halten» (vgl. seine
«Christliche Weisheit» 55. Predigten über Deuteronomium
32, 29, im Münster der Gemeine Gottes erklärt und vor-
getragen, Strassburg 1635, pag. 517—537) über die dortigen
Verhältnisse wie folgt vernehmen: «Unrecht thun ferner
«die vermessenen Fechter, die sich, wie gemeinig-
«lich auf unseren Fechtschulen geschieht, um ein
«geringes schnödes Geld oder um sich ein Ansehen
«zu machen, einander Schaden tun; ebenso die-
«jenigen, die jene bei Trinkgelagen, Kindtaufen
«und anderen Zusammenkünften auftreten lassen,
«oder auch den Fechtschülern Geld auswerfen...».
Eine schwere Schuld trifft endlich alle, «die bei Zankhändeln
nicht wehren so viel sie können, die dem barbarischen
Balgen und Fechten zusehen und Vorschub leisten.»
Diese, wie die folgende Stelle entnehme ich der Abhandlung von A. Erichson: Das Duell im alten Strassburg,
pag. 50—52. Der Verfasser gibt als Erläuterung der oben
erwähnten Auslassung die nachstehende Anmerkung: «Ge-
«meint sind die Klopffechter, die ihre Kunst,
«namentlich zu den Messzeiten, zur Schau trugen.
« Wie es dabei herging, wird uns im Journal des Voyages
«de Monsieur de Monconys, conseiller du Roy, etc. (Lyon,
« 1666, 2e partie) geschildert. Der Verfasser berichtet im
«Januar 1664 aus Strassburg: Nous entrasmes dans le lieu
«où l'on escrimoit avec des espadons, des demy piques et
«de certains couteaux de bois, dont ils se frâppent si fort
«qu'il y en eut un qui eut la teste fendue, dont il saignoit
« bien fort: pour parer tous ces coups tant d'espadons que
«de couteaux et demy piques ils avoient de gros gants
«rembourrés comme de coussinets, qui alloient jusques au

«delà des coudes: ce divertissement estoit des plus froids
«qu'on puisse avoir.» — In der gleichen Schrift Erichson's
(pag. 53—57) fand ich auch darauf hingewiesen, dass der
gleiche elsässische Satiriker H. Michael Moscherosch, der
noch in dem von Friedrich Gumpelzhaimer aus Regensburg verfassten, 1621 in Strassburg anonym erschienenen
und 1652 durch ihn vermehrten und neu herausgegebenen
«Gymnasma de exercitiis academicorum» dem Fechten
unter den Schulübungen der Studenten eine ganz besondere
Stelle angewiesen hatte, doch wegen des fatalen Zusammen-
hanges desselben mit dem einreissenden Duellunwesen in
seinen «Gesichten Philanders von Sittewald» (I. Teil,
Strassburg 1650 pag. 597 ff. und II. Teil Strassburg 1665
pag. 757.) mit scharfem Spott in Prosa und Poesie gegen
den Missbrauch der edlen Fechtkunst kräftig vorgegangen
sei. Auf die durch eifrige Pflege der Fechtkunst in allen
Ständen wie es scheint vermehrte und gesteigerte Händel-
sucht und Streitlust seiner Zeit bezieht sich auch folgende
gereimte Mahnung an seine Landsleute, die wohl besonders
an die rauflustigen Studenten und Soldaten unter diesen
gerichtet ist:

«Wann du mit Ehr wilt werden alt
«Dess Aussforderns dich nur enthalt.
«Sey mit der Fochtel nicht zu gschwind
«Dass dir nicht einer kratz den Krind
«Als manchem Schnarcher widerfährt
«Der seines Bruders Blut begehrt
«Und ihn aussfordert mit verdruss
«Dass er sich mit ihm schlagen muss.

«Merk auch wann du in einem Strauss
«Von einem wirst gefordert auss,
«So gehe nicht gleich mit blindem Sinn
«Nauss zu dem dollen Narren hien,
«Schweig still, duld dich, vernünfftig weich
«Und geh dem Esel aus dem Streich,
«Thu wie ein Christ und Gottes Kind,
«Dein eigen Bossheit überwind.»

Kehren wir nach dieser Abschweifung zum Duellunfug wieder zum Fechterwesen zurück, so findet sich auch aus der benachbarten Schweiz für diese Zeit ein Zeugnis, dass daselbst Klopffechter unter grossem Andrange des schaulustigen Volkes auftraten. Das schweizerische Idiotikon, das Bd. I, 667 Fechter mit «Landstreicher, eigentlich herumziehender Fechter, der seine Künste auf Jahrmärkten sehen lässt» erklärt, gibt die betreffende Stelle wie folgt: «Daher kommt, wann etwan ein neuer markt-«schreier, gaukler oder spiler angelanget, dass man den mit «grossem zulauf zu sehen und zu hören sucht: insonder-«heit lauft die menge zusammen, wann neue zweikämpfer «und fechter ankommen, um zu sehen, wie diesel-«ben auf einanderen loss gehen, einanderen parie-«ren, hieb, stich uud schläg versetzen.» A. Klingl. G. B. 1688. Und von einem gleich grossen Interesse der Bürgerschaft, besonders aber der städtischen Jugend an solchen Darbietungen kriegerischer Kunst- und Waffentüchtigkeit weiss auch Joh. Christoph Wagenseil in seiner Schrift: »De Sacri Romani Imperii libera Civitate Noribergensi Commentatio», Altorf 1697, pag. 161, aus Nürnberg zu erzählen; er berichtet daselbst: «Gladiatorii «quoque Ludi vehementer incolas delectant, atque «etsi eorum usum, ob incommoda, quae inde proveniebant, «varia, ante hos aliquot annos tollere necesse fuit, tamen «vix quisquam e vulgo reperitur, et adeo ne puer «quidem, qui non alterutri factioni Lanistarum, «quarum una a S. Marco, altera a Penna cognomen «habet, der Marxbrüder und Feder-Fechter, saltem «animo et voto jungatur. Instituuntur interim crebro «intra aedes privatas decertationes.» Im Anschlusse daran möchte ich gleich erwähnen, dass mir gerade auch diese Bemerkung Wagenseil's, der doch Gelegenheit hatte, diese Leute eventuell selbst um die Bedeutung und Ableitung ihres sonderbaren Namens zu befragen, neben zwei anderen, gleich noch zu citierenden Stellen, die Berechtigung

zu einem Angriffe gegen die von Wassmannsdorff in
seiner von mir hier noch oft zu benützenden Schrift:
«Sechs Fechtschulen der Marxbrüder und Federfechter etc.»
(Heidelberg 1870, pag. VI und 7—9) aufgestellte und ent-
wickelte Ansicht von der Herkunft der Bezeichnung «Federfechter» zu geben scheint. Schon in Grimm's D. W. B. III,
1399/1400 heisst es unter ‚Federfechter, gladiator, freifechter
von der feder‘: «es ist nicht recht klar, warum sich dieser
« verein nach der feder nannte, man sollte denken,
« weil die fechter eine feder am hut oder spiess
« aufgesteckt trugen.» Dann ist auf die Schreibfeder in
dem von Rudolf II der Gesellschaft der Federfechter 1607
in Prag verliehenen Wappen hingewiesen. Weiter heisst es
dann: « waren diese fechter bloss aus dem stand der
schreiber hervorgegangen? wollten sie darum für mehr
gelten als die fechterischen handwerker? jedenfalls war die
benennung schon im 16. Jahrhundert gebräuchlich. (Beleg
die gleich noch anzuführende Stelle aus Fischart's Gargantua) die schreibfeder scheint erst das spätere.» Dazu
vergleiche man nun, was Heinrich von Gunterrodt in
seiner Schrift: «De veris principiis artis dimicatoriae,
Witebergae 1579», pag. 21 über diese Verhältnisse sagt,
eine Stelle, mit der Wassmannsdorff (pag. VI) freilich
nicht allzuviel anzufangen wusste, die mir aber gerade einen
neuen Beleg für den sonst immer von den Federfechtern be-
haupteten Vorrang vor ihren Gegnern und Rivalen, den Marxbrüdern, oder wenigstens für ihre Beanspruchung eines
solchen, abzugeben scheint. Gunterrodt sagt an der bezeichneten Stelle: «Nunc autem ad nostra tempora veniam.
« — Duo factiones extiterunt: una ex parte ut plurimum
« pelliones, et alii opifices cum his confoederati,
·« quorum etiam aliqui magistri in arte, praesertim
« gladii tractandi, haberi volunt, qui ex speciali Roma-
« norum Imperatorum et Regum Privilegio, in nundinis
« Francofurdiensibus, quos in arte excellere putant, et
« in eorum sectam qui iurare volunt, eodem titulo insignire

«solent. Alteri his oppositi plerunque studiosi bona-
«rum disciplinarum et aliarum artium minus sor-
«didarum periti, qui certe illis arte praestant,
«quamvis rarissimi etiam inter hos reperiantur, qui certum
«fundamentum habeant, et discipulos suos ratio-
«nibus certis instituere possint.» Mit dieser Darstellung der Dinge kann die von Jahn in seiner Deutschen
Turnkunst von 1816, pag. 280 nach Bugenhagen's Samm-
lungen historischer und geographischer Merkwürdigkeiten
(herausgeg. von Kästner, Altenburg 1752), pag. 187 f. mit-
geteilte Verteilung der verschiedenen Gewerbe auf die
beiden Fechtergesellschaften, sowie die nach den Nürnberger
Fechtschulreimen vom Jahre 1579 (vgl. Wassmannsdorff,
pag. 33 ff.) sich ergebende Differenz in der zünftigen Zuge-
hörigkeit der Vertreter beider Fechterbrüderschaften wohl
einigermassen in Einklang gebracht werden. Dazu kommt
ferner, dass auch Abt in seinem Artikel über die Fechtschulen (vgl. Büsching's wöchentliche Nachrichten, Bd. III,
305 ff.) unter den Leuten, aus welchen sich dieselben recrutierten, neben zahlreichen Handwerkern und Gesellen höherer
und niederer Gewerbe und neben Trabanten, Kriegsknechten
und Söldnern noch besonders Studenten und Schreiber
erwähnt, die wohl auf eine etwas höhere Wertschätzung
ihrer Kunst ganz von selbst gedrungen haben werden. Derselbe bemerkt ferner a. a. O. nach einer Mitteilung, die er
Kreussler's Geschichte der Universität Leipzig (Leipzig
1810), pag. 108, entnommen hat, dass in Leipzig die
Fechter unter dem Schutze der Universität standen
und dass nach einer kurfürstlichen Verordnung um 1567
diejenigen von ihnen, welche Handwerksgesellen
waren, von der also bevorzugten Fechtervereinigung
ausgeschlossen wurden, was also wieder auf eine gewisse
Scheidung unter ihnen gemäss ihrer verschiedenen socialen
Stellung hinzudeuten scheint. Nimmt man nun die im Folgenden anzuführenden Stellen, die sämtlich einen Vergleich des
Schwertes mit einer ‚Schreibfeder' oder einer ‚zum Schmucke

aufgesteckten Feder' oder gar mit ‚Bettfedern' in spottweiser
Anspielung zulassen, zu der Thatsache des in dem Federfechter-
wappen erscheinenden Federkiels und der obigen Notiz bei
Wagenseil «altera a Penna cognomen habet» hinzu,
so erscheint eine solche vergleichende Beziehung dieser
Bezeichnung anzunehmen jedenfalls viel natürlicher, als an
der etwas sehr spitzfindigen Anschauung festzuhalten, dass
der Name der «Federfechter» nichts als eine verstümmelte
und missverstandene Form eines ursprünglichen und richtigen «Veiter- oder Viterfechter» (nach dem Schutzpatron
St. Vitus [Veit] gebildet, analog nach Lux- [St. Lucas-] und
Marx- [St. Marcus-]brüder) sein soll. Die hier in Betracht
zu ziehenden Stellen sind folgende: «erzeigt sich in allen
»ritterlichen wehren, wie sie vor augen lagen, im schwerd,
«messer, spiess, stangen, stänglin, tolchen, hallenbart, rapier,
«paratschwerd, lederen tusacken zum platzmachen, sträusst
«sich wider die Marxbrüder, die frankfortische meister des
«langen schwerts, schreib mit dinten so sicht wie
«blut, die feder musst ihm oben schweben und solt
«es kosten sein junges leben, er wagts in gotts macht,
«schlug drauf, dass der belz kracht, focht umb die höchst
«blutrur, umb das kränzlin, umb die schul, um ein glas
«mit wein, wie es der gesell an ihn begert, trocken oder
«nass, scharf oder stumpf, nackend oder bloss.» Fischart's
Gargantua, 188 a, b. Dazu ist auch die Stelle 176 a:
«Kampkeib...... ein guter federfechter, der under-
«wis ihne in allen ritterlichen übungen sehr kunstfertig»,
zu vergleichen, sowie eine andere, an welcher das gleiche
Bild wie oben, nur umgekehrt gebraucht wird: «Da wust
«er, was mit dem breyten Theil, was mit Fleche
»der Feder zu machen, wust das recht vnd link
«Eck der Feder, jr Spitz vnd schneid, wie die
«Fechter auf ihren Wehren (dann die von der Feder
«geben gute Fechter, vnnd schirmen mit Feder-
«klingen vnd Lanmerkengeln manchen auss dem
«Land),» Fischart's Geschichtklitterung (Ausg. 1600),

pag. 172 b. Eine andere, mehr auf die Art des äusseren
Auftretens gerichtete Deutungsweise, die etwa die Vermutung von üblichem Federschmuck an Hut oder Waffe als
Ursache des Namens rechtfertigen könnte, scheint durch
die Stelle Gargantua 282 a «darumb hat allein unter den
«göttern Mercurius ein hütlin auf und darzu ‚als ein
«guter federfechter’ federn drauf», nicht unkräftig gestützt zu werden. Eine schöne und einleuchtende Bestätigung aber des obigen Vergleiches zwischen Fechtschwert
und Schreibfeder bot sich mir in einer von A. Birlinger
unter der Überschrift: «Kriegerische Sprache» aus Veridicus Germanus (Augsburg 1630) 37 citierten Stelle (vgl.
Alemannia, Bd. XIV, Jahrgang 1886, pag. 56, Findlinge und
Curiosa Nr. 9) folgenden Wortlautes: «Man liess Federn
«und Dinten, und nahm die Feder, die der Amboss
«gezogen vnd der Schwertfeger zugericht; die
«dunkte je einer dem andern in Kopf und Blut ein.»
Das schien mir ein deutlicher Beweis, dass dergleichen
vergleichende Anschauungen und bildliche Ausdrucksweisen
nicht so ungewöhnlich und auch anderwärts als in der
Heimat Fischart's üblich, jedenfalls aber nicht auf einzelne
Fälle beschränkt, sondern ziemlich allgemein verbreitet
waren. *) Nunmehr sollen noch die Deutungen, welche die
Federfechter selbst oder ihre Gegner ihrem Namen gaben,
betrachtet werden, wie sie aus den Anspielungen und Wort-
spielen der Nürnberger Fechtschulreime zu entnehmen sind.
In diesen erscheinen (nach Wassmannsdorff, pag. 33 ff.
citiert) Wendungen wie: «Daz ich mein haut vnnder
der gefider mus laszen» (pag. 34). «Die Marxbrüder
vertrieben die federn gern | Vnnd können Jr doch nit

---

*) Man vergleiche zu der oben aus Veridicus Germanus ange-
führten Stelle aus einer späteren Zeit etwa noch Logau's
Spruch:

«Der Deutschen ihr Papier   Der Degen war die Feder:
War ihrer Feinde Leder.   Mit Blute schrieb man hier.»

enntbern | Sie sein all nacht der federn fro | sonnste
müesten sie ligen auf dem Stro | Vnnd solten den
Winntter wol erfrieren | All Manschafft thut die feder
zieren» ... (pag. 34). «Mit einem eisern Flederwisch
kher Jch den Staub daruon» (pag. 36). «Dann Jch
gedennck was vmb ein gennssfeder mag sein | ... Was
solt Jch dan haben der Gennssfedern ehr | ... Dann
Gennssfedern vnnd Khil | Braucht man nit zum
Ritterspil | Dann hert federn dinn Pappier schwartze
Dinnten | Soll man Jnn den Schreibstuben finnden»
(pag. 37). «Göttliche Mayestat hat die federn aufgericht»...
(pag. 38). «Gleichwol die rechten herrn vonn der
federn | hallt Jch mit Jrer schrifft vnnd annder kunst
Jhn ehren, | Aber auf die ein geflickten federfechter
will Jch alle zeitt beren» (pag. 39). «Du federn, du bist
preissens Vol | Daz hortt man an allen ortten wol» | ...
«Die Edel federn schwinng Jch auff | Von deinnet
wegen schlag Jch drauff» ... (pag. 40). «Dieweil Jr stets
naget an der Feder | Vnnd wollt die gar zureissen» ...
(pag. 41). «Die federn ist Leücht vnnd hellt sich
munder | Ob schon deine brüeder sich machen willdt |
Werdens doch offt von der federn gestillt» (pag. 42).
«Die edle feder hat daz Lob | schwebt allen Elle-
mennten ob» | ... «Wölln sie die federn Vnndertrücken. |
Die feder mus doch schweben ob» | .... «Wer die
federn Vnehrt, der ist nicht werdt | Daz er ein
schwerdt soll füeren auf Erdt» | «Das Kriegen die von
der federn Nimmer mehr | Es thut sich auch mancher
Von der feder nennen | Vnnd kan kein Buchstaben
schreiben lesen noch kennen» | ... (pag. 43). So weit
die Bilder und Ausdrucksweisen der Fechtschulreime des
Jahres 1579 aus Nürnberg, wie sie Wassmannsdorff
nach der Papierhs. Nr. 1458 des German. Mus. daselbst
fol. 1 a—20 a in seiner Schrift abgedruckt hat. Dazu sind der
Vollständigkeit wegen noch folgende Angaben, die ich auch
Wassmannsdorff entnehme, da mir die Originale nicht

vorliegen, zu vergleichen. In des Pritschmeisters Benedict Edlbeck's gereimter Beschreibung der Fechtschule auf dem grossen Schiessen zu Zwickau vom Jahre 1574 findet sich die folgende, stark an zwei bereits von mir angeführte Stellen erinnernde Herausforderung, die eine Anrede an die Fechtwaffe enthält:

« Wer mir ein von der feder veracht,
« Und macht sich wider die gerüst,
« Den wil ich bstehen wie wild er ist,
« Schwing dich Feder, sich wie man thut,
« Schreib gern mit dintn, die sicht wie Blut » (pag. 13. W.).

Und Abraham a S. Clara sagt in seiner Schrift «Etwas für Alle» (Würzburg 1699) pag. 173 : «so haben diese nicht «allein seltzame Sprüng, sondern auch Sprüch, mit «denen sie sich zum Fechten anfrischen; da hört «man anderst reden den Marcks-Bruder, und anderst den «Feder-Fechter, dieser spricht also : frisch her an mich, «ein Freier fechter bin ich, Hannen-Füss und stoltze «Feder, schmeiss den Kürschner auf sein Leder: Der Marcks-Bruder (hier fügt Loncin von Gonnin in seinem «fechtenden Narren», 5. Bd. (Augspurg 1709) pag. 205, der diese Stelle anführt, nach W. pag. 32 noch die Worte ein : ‚bild sich auch Cantzley-Bossen ein —'.) will auch nicht weniger seinen «Muth und Tapfferkeit sehen lassen, muntert sich also selbst mit diesen Worten auf: ‚frisch, frisch, wieder «frisch, kehr ab mit dem eisenen Flederwisch, frisch her «und unverzagt, wer weiss, wer den Kürschner jagt; solcher «Gestalten fangen diese an zu fechten; etc.» Dazu kommen noch zwei Deutungen bei Nicodemus Frischlin, von welchen die eine zwar etwas phantastischer Natur ist, die andere aber, bei Anlass einer Correctur gegeben, merkwürdig zu der schon mehrfach erwähnten Erklärungsweise Wagenseils stimmt. In einem Gedicht über die Hochzeit Herzog Ludwigs von Württemberg zu Stuttgart im Jahre 1575, 7 Bücher in lateinischen Hexametern verfasst und 1577 zu Tübingen gedruckt, 1578 ebenda von K. Christ. Beyer ins Deutsche

übertragen und vermehrt, sagt Frischlin bei der Schilderung
der Fechtschule («gladiatorium seu gymnicum certamen»):

«Protinus in lati succedunt aequora campi,
«Armati ferro pugiles, delecta iuventus
«Gymnasijs passim, studioq; addicta palaestrae.
«Hos geminae dirimunt acies: quarum una Georgum
«Percolit, antiquum sequitur pars altera Martem.
«Hos vulgo Catios[1]), illos cognomine dicunt
«Pennigeros: volucres quod iactent aëre gestus.»

(vgl. dazu pag. 159. auch: «Pennigeri haec eadem cuncti
simul ore fremebant:» etc.). In der Übersetzung bei Beyer
(pag. 415/6) lauten die für uns in Betracht kommenden
Verse :

«Die wurden abgetheilet frey,
«Fein ordenlich in zwo Parthey.
«Die ein, Sant Jörg war jr Patron,
«Die ander will Sant Marxen hon.
«Je eine ist der andern gram,
«Ein gibt der andern jren nam:
«Die Marxbrüder nennens die Katzen[1]),
«Die Kürssner, die sehr bösen Fratzen.
«Die ander diese von der Federn,
«Die in dem Lufft die Arm herwedern.»

Pag. 158 seiner Beschreibung gibt Frischlin die

---

[1]) Man vergleiche zu dieser Bezeichnung die scherzhaften, auf
einem Hans Sachs darstellenden Bilde von 1577 befindlichen Verse
des Malers:

«Als ich in Conterfeyhen wardt,
am Tisch nach Boetischer art,
Ein Kleines ketzlein, wie ich sprich,
Sie umb sein Bardt hier umer strich.
Ich Sprach: Herr sachs sol ich darnebn
dem ketzlein auch seine farb gebn,
wie es sich da Streicht auf dem Buldt?»
«Bei Leib nein», sprach, «man geb mir dschuldt,
das ich solt ein marxbruder*) sein,
Darumb so mallt mirs Ja nit Hirein.»

sowie die dazu gehörige Anmerkung:

*) Ein auch in Nürnberg vertretener Fechterorden, der den
heiligen Markus zum Schutzpatron hatte und deshalb den Löwen als

Verbesserung : «pugiles a. D. Marco cognominati, vulgo «Marxbrüder», und bemerkt dabei auch, dass ihre Gegner: «pugiles a penna cognominati, vulgo Federfechter» heissen. (Vgl. Wassmannsdorff pag. 16.) Endlich mag noch bemerkt werden, dass sprachlich eine Bildung «Viterfechter» — es müsste zum mindesten Veitsfechter heissen — wie der postulirte Übergang von Viter- zu Federfechter gleich anstössig und unmöglich ist. Fasst man die bis jetzt beigebrachten Zeugnisse und Erläuterungsversuche für die Bezeichnung Federfechter noch einmal zusammen ins Auge, so muss man wohl zu dem Schlusse gelangen, dass alle diese Stellen gegen die Erklärung Wassmannsdorffs direct verstossen. Für ihn spricht nur eine einzige Stelle (Seite 8 seiner Schrift), die er dem Fascikel 27 der Actenstücke über die Marxbrüder im Archive von Frankfurt a. M. entnommen hat. Dort heisst es : «Die Marcusbrüder Vnd «feder fechter haben einer leyh exercitia, theyhls handt-«werker bekennen sich zu jenen, vnd die andern zu diessen; «jene werden zu Meystern hier, diesse zu prag gemachet, «diese werden Veyter fechter genandt, weyhlen Sie auf «St. Viti tag ihre privilegia erhallten haben; Ein Lucas «Bruder ist ein Meyster aus denen Marcus oder Veyths «fechtern, so sich vndernimmet gegen alle vnd jede die «Schuhl zu behaupten; würdt Er aber bluthrüstig gemachet, «so ist Er ab, vnd die übrige theyhlen das von denen Zu-«schauwern erlössete geldt.» — Aber vielleicht beruht auch schon diese Angabe auf einem durch falsche Analogie hervorgerufenen Missverständnisse in der Auslegung dieses Namens, weil man sich dabei jener ursprünglichen, durch

---

Wappen führte. Dieser wurde spottweise als eine Katze be-bezeichnet, so dass die Marxbrüder (Markus-Brüder) auch die Catii (Katzenleute) genannt wurden.

Dieses auch für unsere Frage wichtige und wertvolle Zeugnis habe ich Vogt und Koch's Geschichte der deutschen Litteratur von den ältesten Zeiten bis zur Gegenwart, Leipzig und Wien 1897, pag. 302 f. entnommen.

mannigfache wortspielerische Beziehungen stark schillernden
Bedeutung nicht mehr recht erinnerte. Noch zwei andere
Thatsachen hat Wassmannsdorff zur Stütze seiner Ansicht beigebracht, die ihm als solche, abgesehen von den
allzuweit gehenden Consequenzen, welche er daraus gezogen hat, auch niemand bestreiten wird, dass nämlich
erstens, wie aus verschiedenen Urkunden hervorgeht, Prag in
der That der Hauptsitz der Federfechter war, wie Frankfurt derjenige der Marxbrüder, weshalb Frisch in seinem
Teutsch-lat. Wörterbuche, Berlin 1741, ‚Federfechter‘ auch
einfach mit «Pugiles Pragenses» wiedergibt, und dass
zweitens diese Federfechter zu Prag am 10. Februar 1608
ein Einladungsschreiben zum Besuche ihrer ersten Fechtschule am Sonntage «nach Sancti Viti» erlassen haben.
Aber auch diesen Umstand wird wohl niemand als eine
ernstliche Begründung dafür anerkennen können, dass der
Name Federfechter «nichts anderes» als Viter- oder Veiter-
fechter bedeuten solle; selbst dann nicht, wenn wir noch
auf die auf dem Hradschin stehende St. Veits-Kirche hingewiesen werden, nach deren Patron sich diese Fechter-
gesellschaft ja allerdings hätte benennen können; doch
haben sich keine weiteren Zeugnisse mehr dafür aufbringen
lassen, dass der heilige Vitus oder St. Veit wirklich der
Patron der Freifechter von der Feder gewesen wäre.
Jedenfalls gebührt dagegen Wassmannsdorff das Ver-
dienst, mit Nachdruck auf die Unhaltbarkeit eines, wie es
scheint auch in neuerer Zeit noch nicht endgültig über-
wundenen Erklärungsversuches wohl zuerst hingewiesen zu
haben, nämlich darauf, dass die Annahme einer besonderen
«Feder» genannten Waffe für die Fechtkunst der Federfechter völlig verworfen werden muss, ein Resultat, das
durch die weitergehenden Studien der Herren J. Schmied-
Kowarzik und H. Kufahl, der beiden Verfasser des Fecht-
büchleins (Leipzig 1894), über diesen Punkt neuerdings noch
seine kräftige Bestätigung gefunden hat.

Damit darf ich nun wohl von der etwas ausgedehnten

Untersuchung einer so speciellen Frage, die ich aber bei
Anlass der angeführten Stellen aufs neue zu erörtern für
meine Pflicht hielt, Abschied nehmen und mich wieder der
Betrachtung des Fechterwesens im allgemeinen, seiner Kunst,
seinen Einrichtungen und Gebräuchen, seiner Überlieferung
und den Formen seines öffentlichen Auftretens zuwenden.
Zunächst noch einige weitere Belege für das Vorkommen
der Fechter und die Abhaltung ihrer «Fechtschulen»
genannten öffentlichen Schaustellungen oder gewöhnlichen
Kunstübungen und für die zeitgenössische Auffassung über
den Wert oder Unwert solcher Darbietungen. Schon in
den Acten der 1386 gegründeten Universität Heidelberg
findet sich unter den Bestimmungen des ersten Rectorates
nach dem Verbote des Würfelspiels für die Studenten auch
noch die Notiz: «Præterea fuit ordinatum ut scolae di-
«micantium scolaribus studii nostri interdicentur
«ne literis deputati vanitati vacent et studium praetermittant»
und als Randbemerkung steht daneben: «De dimicatoribus
et eorum scolis interdictis.» (Vgl. Wassm. pag. 1, der dazu noch auf Meiners' Geschichte der hohen Schulen, IV,
146 verweist.) Und G. Gumpelzhaimer äussert sich in
seiner Schrift: «.Gymnasma. De exercitiis Academicorum»,
(editio Moscherosch, Argentinae 1652 pag. 252) über die
Teilnahme von Studenten an Fechtschulen im Wettbewerb
um den ausgesetzten Geldpreis folgendermassen: «Tertiam
«speciem palaestricae, scilicet Athleticam vitiosam dixi, ra-
«tione studiosorum, quibus lucri causa certare, in
«pecuniam a spectatoribus projectam pugnare, cor-
«pusque prostituere certe ignominiosum, ita ut per
«hoc et famae et nominis opinionem abjicerent et perderent
«nisi indigentia pecuniae et nummorum, quibus ad iter per-
«ficiendum inprimis longius, opus habent, necessitas cui
«lex non posita premat. Hujus rei exempla memorare
«facilimum foret, sed ea supprimo.» Dieses hier angedeutete
Verhalten der reisenden Studenten erklärt uns auch das
ebenso aufzufassende «Fechtengehen» der wandernden

Handwerksburschen, deren bezeichnender Ausdruck «fechten» = sammeln eines milden Zehrpfennigs oder betteln
noch heute einen stehenden Bestandteil ihrer Sprache bildet,
auch wenn sein ursprünglich wörtlich zu verstehender Sinn
gewiss längst der Vergessenheit anheimgefallen ist. Doch
scheint diese Redensart im gleichen oder wenigstens ähnlichen Sinne auch anderwärts noch gebraucht worden zu
sein, denn es findet sich z. B. bei O. Goldsmith in seinem
«Vicar of Wakefield» cap. 20 (vgl. G. D.W.B. unter fechten)
einmal die Wendung «I fought my way towards England»,
was etwa mit unserem deutschen «sich von einem bestimmten Orte aus bis da und dahin durchschlagen, sich redlich
durchs Leben schlagen etc.» zu vergleichen wäre, wenn in
diesen Ausdrücken nicht auch der Sinn überstandener Mühen
und Gefahren, überwundener Hindernisse und Schwierig-
keiten mitenthalten oder gar vorwiegend zu denken ist.
Von dem grossen fürstlichen Herrenschiessen, das im September des Jahres 1560 in Stuttgart abgehalten wurde und
noch eine Reihe anderer Lustbarkeiten ausser dem Schiessen
selbst aufzuweisen hatte, darunter auch eine Fechtschule,
berichtet der Pritschmeister Ulrich Erttell aus Augsburg und
nennt in seiner Beschreibung desselben (vgl. Codex Nr. 582
der Bibliothek in Gotha) die Schützenfeste, wohl auch mit
Rücksicht auf ihre sonstigen Darbietungen, eine «Riterliche
«vnd Notwendige kurtzweil — die nit ain wenig zw kriegs-
»vbung Dienstlich vnd Nutz sein khinen, vnd ain Heroisch
«Herrlichs exercitium Ist Vund der vrsach allenthalben In
«Lendern und Steten, so Im langenn Brauch Bliben» und
«wol dem Turnieren vnd andern Fürstlichen Vbungen gleich-
«geschetzt» werden mögen (s. Wassm. pag. 4). Serlin in
seinem Buche : «Ritterliches Hauptschiessen vom 9./19. Mai
1671» Frankfurt a. M. 1671, spricht sich über Zweck und
Entstehung der Fechtschulen folgendermassen aus, wie es
jedenfalls der damaligen Zeitanschauung vollständig entsprach :
«Unsere Löbliche alte Teutsche Kayser führten bey ihren
«Höfen das thurnieren für die junge Ritterschafft ein, wo-

«durch ein solcher junger Ritter und Edelmann nicht allein
«im reitten, sondern auch mit der Lantze, oder mit dem
«Speere, und anderm damals üblichen gewehre, auff seinen
«mann abgerichtet ward. Sie ordneten auch für die
«andere gemeine Jugend Fechtschulen an, umb
«selbige in allerhand Kriegswaffen zu üben, und
«begnadigten dieselbige mit sonderbaren Privilegien
«und Freyheiten. Eben daher haben auch die Schützen-
«Gesellschafften hin und wieder, in grossen und kleinen
«Städten, ihren ursprung und sonderbare Privilegien und
«Freyheiten bekommen, — vornemlich zu dem ende, damit
«man im falle der noth Leute haben könnte — dem ge-
«meinen Vatterlande zu dienste» (s. Wassm. pag. 1). Seit
dem 17. Jahrhundert begegnen neben den beiden Fechterbrüderschaften der Marcusbrüder und Federfechter auch
noch die Lucasbrüder, wie es scheint als Gegner beider,
worauf schon jene aus dem Frankfurter Fascikel 27 angeführte Stelle hingewiesen hatte. Ausserdem finden sich
dieselben noch in folgenden Stellen erwähnt, die ich Grimm's
D. W. B. entnehme. Bei Philander 1, 245 (Ausgabe vom
Jahre 1642) heisst es: «ich bin ein examinirter appro-
«birter fechtmeister, der das lob hat, dass er sich für
«einen federfechter, Marxbruder und Luxbruder, je
«nach dem die gegenparthei sinnes ist, ritterlichen als
«bintzel, gebrauchen lasse». Und in Pasquini Staats-
phantasien aus dem Jahre 1697 lesen wir pag. 323: «damit
«der herzog von Savoien ein spiegelfechten mit dem
«marechal de Catinat in Piemont anstellen, selbigem aber
«nicht viel weher thun solte, als wenn die Lucas- und
«Marcusbrüder mit ihrer federfechterei sich die
«köpfe ein wenig blutig schlagen und dabei den
«zuschauern die beutel leeren, so gut sie können».
Hübner's Handlungslexicon von 1722 pag. 992 berichtet:
«klopffechter . . . . werden in federfechter und Marx-
«brüder, oder meister des langen schwerdtes von
«St. Marco und der Löwenburg abgetheilet, und

«wenn einer unter ihnen wider beide partheien zu «fechten eine schule aufschläget, so wird er ein «Luxbruder geheissen». ,Klopffechter' wird von Stieler 453 mit «pugnator, colluctator», bei Steinbach 1, 474 mit «rudibus pugnans» wiedergegeben; Frisch in seinem Teutsch-lat. Wörterbuch (Berlin 1741) bezeichnet sie Bd. I, 524c als «gladiatores in certamine ludicro», und I, 253a als «pugiles publice congredientes»; genauer noch erklärt Hübner in seinem Zeitungslexicon (5. Aufl. Leipzig 1727) 2,1004 das Wort durch: «gewisse «handwerkspursche, die für geld ihre fechtschulen «halten und sich auf allerhand gewehre mit ein- «ander herum balgen», und die in zwei Parteien, die Federfechter und die Marxbrüder zerfielen, von welchen er (a. a. O.) noch weiter meldet: «sie haben ihre collegia «und schulen in den vornehmsten teutschen städten, allwo «sie unter sich meister und approbirte meister zu schlagen «pflegen». Genaueres hierüber ist noch bei G. Freytag, Neue Bilder aus der deutschen Vergangenheit s. 146 ff. zu finden. Ich habe übrigens bereits einmal Gelegenheit gehabt, darauf hinzuweisen, dass sich nach verbürgten Überlieferungen der Hauptsitz der Marxbrüdergesellschaft oder der Meister des langen Schwerts von St. Marco und von Löwenberg in Frankfurt a. M., derjenige der Feder- fechter oder der Freifechter und Meister des langen Schwerts von der Feder und von Greifenfels aber in Prag befand, woran hier noch einmal erinnert werden mag, um im An- schlusse daran noch einige derjenigen Städte zu erwähnen, in welchen wir solche Fechtschulen, wie auch später die Schwerttänze, am häufigsten abgehalten finden und am sichersten nachzuweisen vermögen. Dazu gehören unter anderen besonders: Augsburg, Breslau, Danzig, Dresden, Leipzig, Nürnberg, Strassburg i. E., Stuttgart und Ulm; es befinden sich also eine ganze Anzahl von Städten darunter, die, was für den weiteren Verlauf unserer Untersuchung noch von besonderer Bedeutung und daher wohl zu beachten sein wird, sich auch durch eine hervorragende Pflege des deutschen Meistergesanges und seiner Singschulen ausgezeichnet haben. Den Beweis dafür, dass sich dem wie es scheint ziemlich aussichtsreichen Fechten um Geld, wie übrigens auch anderen ähnlichen Bethätigungen, auch öfters Studenten und fahrende Schüler zugewendet haben, gibt uns neben einigen anderen überlieferten Thatsachen besonders auch eine Stelle Hugo von Trimberg's in seinem Renner, der das betreffende Capitel «Ditz ist von Ribalden «unn von ungezognen leuten» überschrieben hat, worin es Vers 16'477—16'481 heisst:

> «waz solte ich davon lenger sagen?
> «Schirmer, geiger, gaukeler
> «Siht man werden vil schuler,
> «Die gutes vil ze schul verzerent
> «und sich mit loter fure nerent.»

Hugo von Trimberg ist überhaupt auf alle diese ritterlichen Unterhaltungen, Spiele und Leibesübungen nicht gut zu sprechen; an einer grösseren Stelle in seinem Renner, die ich unter den Beilagen im Auszuge wiedergebe, wendet er sich besonders gegen Thurnieren und Fechten, dann auch gegen Steinwerfen, Ringen und Springen. Bereits früher hatte ich eine Stelle anzuführen, an welcher er seinen allerdings wohl berechtigten Zorn über das Kämpfen mit Tieren geltend macht. Und schon im 14. Jahrhundert bezeichnet der Teichner einen in der Welt herumziehenden Edlen, der die Ritterschaft zu Erwerbszwecken ausübt, kurzweg als einen «vehtaere» (vgl. Ed. Karajan pag. 85 Anm. 289), woraus man wohl den Schluss ziehen darf, dass diese Bezeichnung bereits im damaligen Sprachgebrauche nicht als eine sehr ehrenvolle galt. Abrahama Sancta Clara aber spricht sich, nach einem Citat aus dem Fechtbüchlein an einer von den betreffenden Verfassern desselben leider nicht näher bezeichneten Stelle seiner Werke, über die Vor- und Nachteile der edlen Fechtkunst, zu deren weiser, aber gemässigter Pflege er seine Zeit-

genossen ermahnt, folgendermassen aus: «Was sonsten
«das Fechten, dessen Schul und Regel angehet, soll
«man keineswegs darwider schimpflich reden, son-
«dern gar wohl dabey lassen, dass solche Uebung nicht
«geringen Nutzen schaffe bei der heutigen und lebhaften
«Jugend, welche meistens einem Wasser gleicht, so durch
«die Bewegung frisch belebt, entgegen durch das Stehen
«verfault. Es muss aber niemand vermessenerweise
»in alle Raufhändel sich einmischen und sich allein
«steueren auf seine Fechtkunst, dann dergleichen
«muthwillige Börschel aus göttlicher Verhängnuss gar oft von
»dem allerunerfahrensten Menschen den Rest bekommen.»
Dieser letzte Hinweis zeigt deutlich genug auch die Schäden,
die sich bei dem Missbrauche des stark verbreiteten und
eifrig betriebenen streitbaren Handwerkes auch da und dort
herausstellten. Jedenfalls aber waren solche Darbietungen
auf den Fechtschulen, auch wenn sie nur zur festlichen
Unterhaltung der Volksmenge dienten, stets recht blutige
und lebensgefährliche Schauspiele und leider die deutlichsten
Zeugnisse einer sinkenden Kunst und eines verrohten Ge-
schmackes. Schon in der letzten Zeit des 17. Jahrhunderts,
an der Schwelle des 18. und bis tief in dasselbe hinein,
ja teilweise noch im 19. an gewissen Orten vertreten,
erscheinen jetzt die Fechter mehr und mehr als eine Art
von betrügerischen Landstreichern; sie werden in dieser
zweideutigen und übelberüchtigten Gesellschaft häufig genannt und auch wirklich oft in derselben als ein besonderer
Zweig des Gaunertums gefunden. So sagt z. B. Chr. Gerber
in seiner Schrift «Sünden der Welt» (3. Aufl. 1699, 4. Aufl.
1701) Kap. 51, § 1: «solche sind nun die unseligen gaukler,
«seiltänzer, taschenspieler, comoedianten, feuerfresser, klopp-
«fechter und wie das geschmeiss alles mag genennet
«werden», während er in der Überschrift dafür auch «federfechter», in § 4 aber bloss noch das einfache «fechter»
gesetzt hat. Und Wieland schreibt im Danischmend Kap. 13
(vgl. Werke Bd. 8, 122): «die Grimassenmacher, Quack-

«salber, Gaukler, Taschenspieler, Kuppler, Beutelschneider
«und **Klopffechter** theilen sich in die Welt» (vgl. für die
beiden Stellen G. DWB. unter «**Klopffechter**»). Ein weiterer
Beweis für die grosse Verbreitung dieser Klasse von Leuten
und die Beliebtheit, deren sich ihre wenn auch rohen und
unkünstlerischen Darstellungen doch bei dem weitaus grössten
Teile der Bevölkerung zu erfreuen hatten, ist sicher auch
die in diesen Zeiträumen häufige bildliche Verwendung von
Worten, die sich auf solche Verhältnisse beziehen, durch
die damaligen Schriftsteller, wie uns denn auch solche
Anspielungen an zahlreichen Stellen der zeitgenössischen
Litteratur begegnen, die hier alle im Einzelnen wiederzugeben zwecklos sein würde. Nur soviel möge hier noch
bemerkt sein, dass, wenn etwa **Logau** in seinem Sinn-
gedichte: Verbriefter Adel, das vielleicht eben gegen das
Klopffechtertum gerichtet ist, sagt:
> «Ein federliches Waffen, nicht väterlicher Schild
> »Ist jetzt vorausgestellet, wo **Federfechten** gilt.»

oder ein andermal sich vernehmen lässt:
> «**Der Deutschen ihr Papier**
> «**War ihrer Feinde Leder.**
> «**Der Degen war die Feder:**
> «**Mit Blute schrieb man hier.**»

Oder wenn **Fleming** 134 schreibt:
> « . . . . . hängt seine **Fochtel** an,
> «**Die er zu tragen weiss, als wol kein Edelmann.**»

sich die betreffenden Dichter jedenfalls ganz mit Absicht in
solchen Stellen der volkstümlichen Anschauung und ihrem
Sprachgebrauche angepasst haben, um in ihrem Ausdrucke
dadurch um so wahrer und eindrucksvoller zu werden. Auch
Goethe wirkt damit mit besonderer Frische und Lebendigkeit,
wenn er sagt:
> «**Heraus mit eurem Flederwisch!**
> «**Nur zugestossen! ich pariere.**» (Werke 12, 195.)

Oder an einer anderen Stelle (57, 166):
> «**Hervor den Degen in der Hand,**
> «**Raus, feurig, frisch**
> «**Den Flederwisch!**»

Ich möchte im Anschlusse an diese beiden Citate, die vielleicht auch noch Einiges in der Frage über die Herkunft des Namens der Federfechter zu einem der verschiedenen Erklärungsversuche beitragen können, gleich noch zwei andere Stellen erwähnen, die sich mit diesen und schon früher angeführten nahe berühren und mir eben erst wieder zu Gesicht gekommen sind. Die eine steht nach G. DWB. bei **Ayrer 274c** und lautet:

«fehlt er, so wöll wir sein nicht fehlen,
«in mit dem eisern flederwisch strehlen;»

die andere findet sich in **Fischart's** Gargantua 135a und heisst:

«wir haben unseren flederwisch gefunden, der kan uns abkehren, seh, seh, gesell, bist auch noch stäubig?»

Damit beschliesse ich die Aufzählung einzelner Stellen, die uns über das Fechterwesen Aufschluss geben, und werde mich auch keiner Behandlung von Einzelfragen aus diesem Gebiete mehr zuwenden, sondern noch einige allgemeinere Übersichten und Zusammenstellungen hier beifügen, die als Beiträge zur Geschichte der Fechtschulen und der Fechtergesellschaften dienen mögen und eine etwas nähere Bekanntschaft mit den vielen und stark zerstreuten Überlieferungen vermitteln und bezwecken sollen.

Im Folgenden mag zunächst eine Zusammenstellung der verschiedenen den beiden Hauptbrüderschaften der Fechter verliehenen **Privilegien** und **Confirmationen** gegeben werden mit einer Angabe, von welchem Kaiser, in welchem Jahre und an welchem Orte diese Freibriefe, beziehungsweise ihre Erneuerungen, Bestätigungen oder Erweiterungen ausgestellt worden sind; auf eine Inhaltsangabe oder gar eine auszügliche Wiedergabe derselben muss ich an dieser Stelle leider verzichten. Es sind demnach als uns bis jetzt als vorhanden bekannt gewordenen Urkunden zu verzeichnen:

1) Von Kaiser Friedrich III. am 10. August 1487 in Nürnberg ausgestellt das erste Fechterprivilegium.

2) Von Kaiser Maximilian I. am 27. September 1512 in Köln erlassen, die Bestätigung desselben.

3) Von Kaiser Karl V. am 5. April 1521 in Worms erteilt, eine Confirmation beider vorhergehender Erlasse.

4) Von Kaiser Karl V. am 13. Mai 1541 in Regensburg verliehen, ein Freibrief unter gleichzeitiger Verleihung eines Wappens an die Markusbrüderschaft.

5) Von Kaiser Maximilian II. am 6. Mai 1566 in Augsburg erlassen eine Confirmation.

6) Von Kaiser Rudolf II. am 15. Juli 1579 in Prag erlassen eine Confirmation.

7) Von Kaiser Rudolf II. am 7. März 1607 in Prag verliehen ein Freibrief mit gleichzeitiger Verleihung eines eigenen Wappens und Genehmigung der am 4. August 1606 in Prag festgesetzten Fechterordnung für die Gesellschaft der Freifechter von der Feder daselbst.

8) Von Kaiser Mathias am 17. Oktober 1613 in Regensburg erteilt eine Confirmation.

9) Von Kaiser Ferdinand II. am 13. Juli 1627 in Wien eine ebensolche.

10) Von Kaiser Ferdinand III. am 18. Dezember 1640 in Regensburg eine desgleichen.

11) Von Kaiser Leopold I. am 26. Oktober 1669 in Wien ebenfalls eine Confirmation früherer Rechte.

12) Von Kaiser Leopold I. am 20. März 1670 in Wien erteilt ein Freibrief an die Markusbrüderschaft unter Vermehrung ihres Wappens und daheriger Erweiterung ihres Titels um das Beiwort «von Löwenberg».

13) Von Kaiser Leopold I. am 2. Dezember 1688 in Wien verliehen ein Freibrief an die Gesellschaft der Federfechter mit gleichzeitiger Vermehrung ihres Wappens und daraus folgender Erweiterung ihres Titels mit dem Zusatz «von Greifenfels».

Nunmehr gehe ich dazu über, die übrigen Urkunden, Verordnungen, Ratserlasse, Satzungen und anderweitigen Documente, die sich auf das Fechterwesen im Allgemeinen und im Besonderen beziehen, zu verzeichnen und zwar in alphabetischer Reihenfolge nach den Städten, aus welchen dieselben stammen, innerhalb dieser sodann in chronologischer Anordnung, soweit irgend möglich, und ohne noch weitergehende Einteilungen zu versuchen. Darnach ist anzuführen:

a) aus Augsburg:

1) Bestätigungen von Verordnungen der Fechterschulen durch den Magistrat aus den Jahren 1568, 1596, 1611 vorliegend.

2) Fechterordnungen der Stadt vom 9. Januar 1596 und vom 13. Januar 1611.

3) Ratsbeschluss zur Aufhebung der Fechtschule im Jahre 1700.

b) aus Breslau:

1) Schulordnung vom Jahre 1570, welche den Gymnasiasten den Besuch öffentlicher Fechtschulen verbietet.

2) Bewilligung des Rates zur Abhaltung von Fechtschulen (mit klingendem Spiel beim Umzuge der Fechter) vom 5. April 1598.

3) Erste Ratsverordnung über die Fechtschulen vom 9. September 1606.

4) Erneuerungen dieser Ratsverordnung vom 6. Dezember 1614 und vom 9. Mai 1615.

5) Ratsverordnung über diejenigen Zeiten, zu welchen die Fechtschulen verboten sind, vom 24. Februar 1616.

6) Renoviertes Patent des Rates, bei Anlass einer Fechtschule erlassen, vom 5. April 1625.

7) Wiederholung des gleichen Ratspatentes am 22. Februar 1642.

8) Letztes Ratsdecret wegen der Fechtschulen vom 6. Dezember 1674.

c) aus Cöslin (in Pommern):

Willkühr der Stadtbehörde vom 7. September 1666, welche das Fechten an Sonntagen verbietet.

d) aus Danzig:

Lehrbrief für den Markusbruder Joseph Georg Köppel aus Leipzig vom 22. Juni 1682.

e) aus Frankfurt a. M.:

1) Bittgesuch der Markusbrüderschaft an den Senat vom 6. September 1575.
2) Erneutes Bittgesuch der gleichen Brüderschaft, dem Senate vorgelegt am 19. April 1576.
3) Klageschreiben der Marxbrüder an den Senat wegen Benachteiligung durch das Auftreten anderer Fechter daselbst vom Jahre 1578.
4) Verzeichnis der in dieser Stadt zu Meistern des langen Schwertes geschlagenen Marxbrüder vom Jahre 1583 an weiter geführt (im dortigen Archiv befindlich).
5) Ordnung der Marxbrüderschaft, festgesetzt am 31. März 1653.
6) Bestätigung derselben durch den Rat vom 13. Oktober 1660.
7) Vidimus oder Transsumpt des Rates zum Privileg von 1669 (1670?) vom 22. September 1671.

f) aus Leipzig:

Kurfürstliche Verordnung über die Fechter um 1567. (Ausschluss der Handwerksgesellen vom Schutze der Universität.)

g) aus Mainz:

Lehrbrief für den Federfechter Rudolf Gebhardt aus Magdeburg vom 27. Januar 1719.

h) aus Nürnberg:

1) Bewilligungen des Rates zur Abhaltung von Fecht-schulen wurden erteilt zu folgenden Zeiten: um Fastnacht 1477, am 20. Juni 1478, Mitte Januar 1479, am 9. Oktober 1479, am 17. März 1487, 4. Oktober 1492, 3. Oktober 1493, 19. April 1494, kurz vor Weihnachten 1495, und im Jahre 1561.

2) Verbote der Fechtschulen liegen vor von Ende Juli 1503, aus den Jahren 1551 und 1585, und vom 20. Juli 1691.

3) Verordnung über die Fechtschulen von 1553.

4) 22 Fechtschulreime zur Eröffnung der vom 26. April bis 4. Oktober des Jahres 1579 abgehaltenen Fecht-schulen (26. April; 3., 10., 17., 24., 31.? Mai; 14., 23. Juni; 5., 12., 19., 26. Juli; 2., 9., 16., 23., 30. August; 6., 13., 20., 27. September; 4. Oktober).

5) Ratsverordnung über die Höhe des Eintrittsgeldes bei Fechtschulen vom 23. April 1609.

6) Beschluss über die Verwendung des Zuschauer-geldes vom Jahre 1628. (Nach Vollendung des neuen Fechthauses.)

7) Ratsbeschluss zur gänzlichen Abstellung der Fecht-schulen vom Jahre 1698.

i) aus Prag:

1) Fechtschulordnung des Rates vom 28. Juli 1597 (in tschechischer Sprache abgefasst und in Bezug auf die Abhaltung von Fechtschulen die Federfechter und «Markuse» rechtlich gleichstellend).

2) Satzungen und Ordnung der Freifechter von der Feder, festgesetzt am 4. August 1606.

3) Einladungsschreiben zur ersten Fechtschule der Federfechter daselbst, erlassen am 10. Februar 1608.

4) Approbationsschreiben (Meisterbrief) für den Fecht-meister Heinrich Schötte vom 15. Juni 1608.

5) Approbationsschreiben (Meisterbrief) des Federfechters Adolf Hagenauer aus Wien vom 15. Juni
1735.

k) aus Ulm:

1) Bewilligung der Fechtschulen der Kürschner durch
ein Ratsprotokoll vom Jahre 1514.
2) Ratsverordnung über die Fechtschulen daselbst vom
Jahre 1589.
3) Wiederholungen dieser Ratsverordnung aus den
Jahren 1590 und 1602.
4) Weitere Ratsverordnungen von den Jahren 1607,
1609 und 1613.
5) Klageschreiben der Inhalter der dortigen Fechtschulen an den Magistrat vom Jahre 1616.

l) aus Wien:

Ankündigung einer Fechtschule durch den Fechtmeister
Anton Mire daselbst im Jahre 1781.

Diese oben angeführten Documente zur Geschichte des
Fechterwesens haben mir für diese Untersuchungen, wenn
auch nicht im Originale, so doch durch die Vermittelung der
einschlägigen Litteratur, in Abdrücken ganz oder wenigstens
teilweise, in grösseren oder kleineren Auszügen, vorgelegen;
manche von ihnen sind mir aber auch bloss durch kurze
Mitteilungen oder directe Hinweise bekannt geworden, so
dass es nicht immer möglich war, sie alle im Einzelnen
nachzuprüfen; immerhin liess sich durch Vergleichung verschiedener Angaben in etlichen Fällen eine willkommene
Bestätigung, in anderen dagegen wieder eine notwendige
Berichtigung, häufig auch eine Ergänzung und genauere Bestimmung der erwähnten Belege und Zeugnisse erzielen.
Gleichzeitig unterzog ich mich auch der Mühe, die sämt-
lichen, zu meiner Kenntnis gelangten Orts- und Zeitangaben,
soweit sie die Abhaltung von Fechtschulen, Fech-
terspielen, Schwerttänzen oder das sonstige
Auftreten von Fechtern in öffentlichen Schau-

stellungen betreffen, übersichtlich zusammenzustellen, und ich gebe, von der Überzeugung geleitet, dass eine solche Orientierung über die locale Verbreitung und die zeitliche Ausdehnung des Fechterwesens, wie über die Häufigkeit seiner Darbietungen weder zwecklos noch ohne Interesse sein werde, die so gewonnene, kurze tabellarische Darstellung dieser Verhältnisse im Folgenden wieder. Auch hierbei habe ich für die Ortsangaben die alphabetische, für die Zeitbestimmungen die chronologische Reihenfolge innegehalten und bemerke nur noch, dass ich die Daten für die Schwerttänze sowie sonstige nicht dem engeren Begriffe der Fechtschulen einzuverleibende Fechteraufführungen durch das Einschliessen derselben in eckige Klammern gekennzeichnet habe, um damit die notwendige Unterscheidung der beiden, im Grunde genommen doch jedenfalls sehr nahe verwandten und enge zusammenhängenden Äusserungen der Waffentüchtigkeit zu ermöglichen. Folgende Daten sind überliefert:

1) **Augsburg**: 1500. 1509. 1547. 1615. 1637. 1651. 1661. (1700?) 1719. [1744.] 1776. 5. Dezember 1815.

2) **Berlin**: 1581. Winter 1802/3. 12. Juni 1807.

3) **Braunschweig**: [1443.]

4) **Breslau**: 1280. 15. Juni 1567. 1575. 1582. 10. Juli 1589. 1592. 19. April 1593. März 1594. 23. November 1597. 5. April 1598. 9. April 1600. 14. September 1614. [23. Februar 1620.] 5. April 1625. 1636. 25. September 1644. 15. August 1672. 14. April 1715. 1735. 5. November 1741. 27. Februar 1808. 31. Juli 1808 (im Lager von Lissa).

5) **Brieg**: Mai 1577. September 1582.

6) **Danzig**: 3. Juli 1623. 18. Februar 1646. 1651.

7) **Darmstadt**: 1816.

8) **Dresden**: 27. September 1614.

9) **Düsseldorf**: 19. Juni 1585.

10) Frankfurt a. M.: 1397. Mai 1671.

11) Hamburg: 5. April 1810.

12) Heidelberg: 1386.

13) Karlsruhe: 16. April 1811.

14) Krakau: 1583.

15) Leipzig: Pfingsten 1533. (1567?) 14. Mai 1604.
8. Juli 1612.

16) Linz: 1783.

17) Lollar (bei Giessen): [1651.]

18) Lübeck: [vgl. Z. f. d. A. XX., 10 ff., ein erhaltenes,
aber undatiertes Schwerttanzspiel.]

19) München: [1537. 1561.]

20) Nürnberg: [1350. (1351?)] Fastnacht 1477.
20. Juni 1478. Januar 1479. Oktober 1479.
17. März 1487. [1490.] 4. Oktober 1492. 3. Oktober 1493. 19. April 1494. Weihnachten 1495.
[1497. 1511. 1516. 1518. 1537. 1539. 1540.
1546. 1558. 1560. 1561.] 1561. [1570.] 1576.
26. April bis 4. Oktober 1579. [um 1580.] 17. Juni
1582. 1588. 1593. [3. und 13. Februar 1600.]
14. Februar 1600. 1603. 5. Januar 1607. 1612.
1615. (1697?) 21. November 1698.

21) Prag: 1608.

22) Schmalkalden: [1576.]

23) Solothurn (Schweiz): [1549. 1581.]

24) Strassburg i. E.: 5. und 26. November. 3. Dezember 1559. 1587. Januar 1664.

25) Stuttgart: 29. September 1560. November 1575.
Mai 1585. 12. März 1596. 1602.

26) Thorn: 1612. 1614.

27) Troppau: 1583.

28) Überlingen a. Bodensee: [1581. (1670.) 27. Februar 1794.]

29) Ulm: 1514. [9. Februar 1551.] 1551. 1610.
1698.

30) Weimar: Mai 1584.

31) Wien: 1781.

32) Zwickau 26./27. August 1573.

Im Anschlusse an diese Angaben möge noch ein Verzeichnis der wichtigsten älteren Fechtbücher hier Platz finden. Ausserdem sind auch noch einige Beschreibungen von Fechtschulen in gebundener und ungebundener Rede anzuführen, sowie einige grössere und kleinere Gedichte namhaft zu machen, welche sich sonst auf das Fechterwesen und seine Geschichte, wie auf die Fechtschulen und ihre Kunst beziehen. (Die von mir selbst eingesehenen Schriften sind durch ein vorgesetztes * gekennzeichnet.) Zum Beschlusse dieses Teiles wird noch ein kurzes Wort über den Zusammenhang zwischen den Fechtschulen und den Schwerttänzen beigefügt werden. Zunächst jedoch gebe ich noch die erwähnten Übersichten.

1) Schriften das Fechtwesen betreffend:

Johann Lichtenauer's Fechtregeln. (Nürnberger Hs. des Germ. Nat.-Mus. Nr. 3227 a vom Jahre 1389.)

Lecküchner's Handschrift über das Messerfechten. (Ältere Fassung auf d. Bibl. von Heidelberg, eine Überarbeitung derselben vom Jahre 1478 in München.)

* Talhofer's Fechtbuch aus dem Jahre 1467 (auch gerichtliche und andere Zweikämpfe nebst den Kampfregeln enthaltend), herausgegeben von G. Hergsell, Prag 1887.

Paurnfeindt's Fechtbuch, Wien 1516.

Fabian von Auerswald, Ringerkunst, 85 Stücke etc., gedruckt zu Wittemberg durch Hans Lufft, 1539.

Paulus Hector Mair's Kunstfechtbuch, Augsburg um 1542 verfasst. (Bibl. zu Dresden.)

«Die Ritterliche mannliche Kunst und Handarbeyt Fechtens und Kempffens». Frankfurt a. M. 1558.

Joachim Meyer, Gründliche Beschreibung der freien ritterlichen und adelichen Kunst des Fechtens u. s. w. Strassburg i. E. 1570, Augsburg 1600, 1610 und 1660 erschienen.

H. von Gunterrodt, De veris principiis artis dimica-toriae, Witebergae 1579.

* Des kunstreichen und weitberümten Fechtmeisters Salvatoris Fabri Italiänische Fechtkunst, Leiden, bei J. Elzevier 1606 und 1619.

* Ein new künstlich Fechtbuch im Rappier, zum Fechten und Balgen etc. durch Michael Hundt. 1611.

*J. Sutor, Newkünstliches Fechtbuch, d. i. ausführliche Description der Kunst des Fechtens in den gebräuchlichsten Wehren u. s. w. Frankfurt a. M. 1612. (Neudruck ebenda 1849.)

* Fabri da Padoa, Neu künstlich Fechtbuch. Nürnberg 1615.

* Sebastian Heussler, Fechtschul, Nürnberg 1616.

August Vischer, Tractatus duo juris duellici universi, Jenae 1617.

G. Gumpelzhaimeri, Gymnasma. De exercitiis Aca-demicorum, Argentinae 1621. (Editio M. Moscherosch, Argentinae 1652.)

Joh. Georg Paschen, Der Adelichen Gemüther Wohl-erfahrne Exercitien-Meister, d. i. vollständige Fecht-, Ring-und Voultesier-Kunst. Frankfurt a. M. und Leipzig 1683.

* Joh. Andreas Schmidt, Leibbeschirmende und Fein-den Trotzbietende Fechtkunst. Nürnberg 1713.

Alexander Doyle, Neu Alamodische Ritterliche Fecht-und Schirmkunst etc. Nürnberg und Frankfurt a. M. 1715.

Paul Kal's Fechtbücher (auf den Bibliotheken zu München und Wien befindlich).

2) Originalbeschreibungen verschiedener Fecht-schulen und sonstige Nachrichten über solche finden sich in folgenden Werken:

Serlin, Ritterliches Hauptschiessen vom 9. bis 19. Mai 1671. Frankfurt a. M. 1671.

Werlich's Chronik von Augsburg. pag. 271 (bei Erwähnung des Augsburger Schiessens vom Jahre 1509).

Sastrow's Lebensbeschreibung, herausgegeben von Mohnike, Greifswald 1823. Bd. II, 47 (Nachricht von Fechtschulen in Augsburg von 1547 bei Anlass der Gefangenschaft des Kurfürsten Joh. Friedrich von Sachsen während des Reichstages daselbst).

Flexel's Beschreibung des Herrenschiessens zu Stuttgart vom Jahre 1560 (veranstaltet von Herzog Christoph von Württemberg). Hs. Nr. 325 der Heidelberger Bibliothek, vgl. Blatt 18 b.

Ulrich Erttell's Beschreibung des Stuttgarter Schiessens von 1560. Cod. 582 der Bibl. zu Gotha, vgl. Blatt 10 b.

Benedict Edlbeck's Beschreibung des Schiessens zu Zwickau vom August 1573 (gegeben zu Ehren des Kurfürsten August von Sachsen). Dresden 1574 gedr., vgl. Bl. 81b – 86b und 107b—109a.

[Dazu ist auch die Schilderung bei G. Freytag, Neue Bilder aus dem Leben des deutschen Volkes, 1862. pag. 146 ff zu vergleichen.]

Nicodemus Frischlin's Gedicht über die Hochzeit des Herzogs Ludwig von Württemberg mit der Markgräfin Dorothea Ursula von Baden in Stuttgart im November 1575 (in lateinischen Hexametern verfasst). Tübingen 1577 gedr. vgl. Buch 7: «Gladiatorium seu Gymnicum certamen». pag. 157 ff.

Dasselbe ins Deutsche übertragen und stellenweise vermehrt von K. Christ. Beyer. Tübingen 1578 gedr. vgl. pag. 415—435.

Hans Ulrich Krafft's von Ulm Reisen und Gefangenschaft (1616 verfasst), herausgegeben in der Bibl. d. Stuttg. Lit. Vereins, Bd. 61 (1861. Tübingen), vgl. pag. 377 (Fechtschule in Krakau bei Anlass einer Hochzeit im Jahre 1583) und pag. 383—386 (Fechtschule zu Troppau im Jahre 1583 bei Gelegenheit der Hochzeitsfeier des Herzogs Hans von Liegnitz und Brieg).

Dietrich Graminäus: «Fürstlicher Güligscher etc.... Hochzeit». Cölln A̱ 1587 (enthält die Beschreibung der

Fechtschule vom 19. Juni 1585 in Düsseldorf bei Anlass der Hochzeitsfestlichkeiten für Herzog Johann Wilhelm von Jülich und die badische Markgräfin Jacoba).

Nicod. Frischlin, De secundis nuptijs — Lvdovici. Tübingen 1585, vgl. pag. 99/100. «Gladiatorum certamen» (Beschreibung der Fechtschule vom Mai 1585 in Stuttgart bei Anlass der zweiten Vermählung Herzog Ludwig's von Württemberg mit der Herzogin Ursula von Bayern. [in lat. Hexametern abgefasst].).

Felix Platter's Lebensbeschreibung. Hs. λ. III. 3. der Basler Bibliothek. (Darin ein Bericht über die Fechtschule vom 12. März 1596 zu Stuttgart bei Gelegenheit der Taufe des jungen Herzogs August von Württemberg enthalten.) [Vgl. auch Dr. Fechter, Thomas und Felix Platter, Basel 1840, s. 208.]

Wolfgang Ferber's Beschreibung des Schiessens vom September 1614 in Dresden. Dresden 1615 gedr. Vgl. Bl. B.b. 4b (Beschreibung der Fechtschule vom 27. September 1614 daselbst, bei Anlass einer Prinzentaufe durch Herzog Johann Georg von Sachsen veranstaltet).

3) Einige weitere Zeugnisse für das Fechterwesen und seine Beliebtheit geben noch folgende litterarische Verwertungen desselben ab, die ich ihres Umfanges wegen hier zur Vervollständigung meiner Angaben nur kurz anführen will unter Hinweis auf die Beilagen im vierten Abschnitte, wo sie in unverkürzter Wiedergabe ihre Stelle finden sollen. Dahin gehören zunächst die Nürnberger Fechtschul-Reime vom Jahre 1579 (26. April bis 4. Oktober), die uns in der Papierhandschrift Nr. 1458 des Nürnberger Germ. Nat.-Museums aus dem Jahre 1671 erhalten sind (gedruckt bei Wassmannsdorff) und uns einen Vergleich mit den «fürwurf» oder «reizunge» genannten Herausforderungen der Meistersinger zum Wettstreite in Liedern nahe legen. Sodann ist zu erwähnen: Hans Sachsens «Fechtspruch, Ankunfft vnd Freyheit der Kunst», ver-

fasst am 25. Juni 1545 in Nürnberg (vgl. Ausgabe von Götze 1570, I. Bl. 408 d—410 b. Ausgabe von 1612, I, 824 ff.). Ferner der: «Ehren Tittel vnd Lobspruch «der Ritterlichen Freyen Kunst der Fechter, auch «ihrer Ankunfft, Freyheiten vnd KeyserlichenPrivilegien, etc.... «gestellet durch Christoff Rösener Bürger in Dreszden, vnd «durch Keys. May. Freyheit, Meister des Schwerts. Anno 1589». gedruckt Dreszden A⁰ 1589 (in der Hofbibliothek zu Weimar befindlich). Dieses Gedicht enthält, wie Wassmannsdorff (vgl. den Abdruck in seiner Schrift über die Fechtschulen, pag. 46 ff.) gezeigt hat, ohne seinen Namen zu nennen, Hans Sachsens Fechtspruch in sich. Ich werde beim Abdrucke der beiden ebenfalls so verfahren, dass ich Rösener's Werk als Rahmen betrachte und Sachsens Fechtspruch mit den ihm zukommenden, von Rösener natürlich weggelassenen Eingangs- und Schlussversen versehe und dadurch als selbständiges Mittelstück des Ganzen und Eigentum eines andern Verfassers zu bezeichnen und durch entsprechende Zwischenräume hervorzuheben suche. Weiter begegnen wir den Fechtern in der Litteratur der Zeit ihrer weitesten Verbreitung und ihres besten Ansehens noch bei Burkhard Waldis in seinem «Esopus». Er hat daselbst (vgl. die Ausgabe von H. Kurz, Leipzig 1862, Bd. II, s. 176/7) in «Das vierdte Buch der Fabeln Esopi, hat Hundert newer Fabeln» unter Nr. LXXII eine gereimte Fabel «Von zweien Fechtern», deren Stoff übrigens (vgl. die Anmerkungen zu B. IV. Nr. 72) aus Brant's Bearbeitung von Steinhöwel's Aesop-Übertragung 129 a [von zweyen Fechtern] und anderweitigen Quellen übernommen worden ist, was immerhin als ein Beweis dafür gehalten werden darf, dass die Einkleidung der Lehre in diese Gestalt damals jedenfalls sehr beliebt und zeitgemäss war. Dieselbe Geschichte findet sich dann, in Prosa wiedergegeben, auch bei Johannes Pauli in seiner Schwanksammlung «Schimpf vnd Ernst» (1519 verfasst), wo diese, nebst einer anderen, auch von zwei Fechtmeistern handelnden, unter Nr. CCCXI und

CCCXII (vgl. die Ausgabe von H. Österley, in der Bibl. des Stutt. Lit. Vereins, Bd. 85 [Stuttgart 1866], pag. 198/9) zu finden ist. Auch auf die im Volksbuche vom gehörnten Siegfried (älteste Ausgabe von 1726, vgl. Halle'sche Neudrucke Nr. 81/82, pag. 88—93) eingestreute Prosa-Episode eines komischen Zweikampfes zwischen den beiden Feiglingen Jorcus und Zivelles wäre noch zu verweisen; auf ihren Abdruck in den Beilagen glaubte ich aber um so eher verzichten zu dürfen, als sich diese Stelle einer ziemlich allgemeinen Bekanntschaft zu erfreuen hat und auch nicht durch besondere nennenswerte Eigentümlichkeiten der Auffassung oder des Sprachgebrauches ausgezeichnet ist.

Ehe ich diesen Abschnitt meiner Abhandlung beschliessen kann, bleibt mir noch übrig, mit ein paar Worten auf das bereits in der Einleitung angedeutete Verhältnis einzugehen, das wir zwischen den Fechtschulen und den Schwerttänzen der Handwerkergilden an den verschiedenen Orten ihres Vorkommens anzusetzen haben. Es scheint mir eine sichere und ausgemachte Thatsache zu sein, dass zwischen beiden Einrichtungen und Gebräuchen sehr nahe und enge Beziehungen stattgefunden haben, für die wenigstens teilweise noch jetzt einige Zeugnisse vorliegen. Manche Angaben und Umstände deuten auf einen solchen Zusammenhang beider hin, und nicht zuletzt wohl die That-sache, dass wir die Schwerttänze an den meisten Orten von der Zunft der Kürschner, der Schwertfeger, oder der Messerschmiede und von Angehörigen solcher Handwerke abgehalten finden, die jeweilen auch in den verschiedenen Fechtschulen am stärksten und häufigsten vertreten sind. Oft sehen wir beide Schaustellungen, Schwerttanz und Fechtschule, unmittelbar oder nur in kurzen Zwischenräumen auf einander folgen, und bei der Darstellung des ersteren sind manchmal Vertreter der letzteren als Leiter der Aufführung beteiligt. So könnte man unter solchen eine unzweifelhafte Beziehung, ja fast eine gewisse Verwandt-

schaft beider befürwortenden Umständen vielleicht die nicht
allzu kühne Behauptung aufstellen, dass die Fechtschulen
als die vermisste und fehlende Übergangsstufe zwischen
den frühesten und den späteren Überlieferungen des Schwerttanzes, die ja mehrere Jahrhunderte auseinanderliegen,
eingeschoben werden dürfen. Und so liesse sich jene Lücke
in der Entwicklung dieser Sitte wenigstens einigermassen
schliessen, auf welche bereits Müllenhoff in seiner ersten
Abhandlung über den Schwerttanz (vgl. Festgaben für
Homeyer, Berlin 1871) mit Bedauern hingewiesen hat. Die
engere Verbindung zwischen Fechtschule und Schwerttanz,
auch was ihre oft fast gleichzeitige Abhaltung anbetrifft,
scheinen mir besonders folgende zwei Angaben, aus Mitteilungen über den Schwerttanz in der Zeitschrift «Alemannia»,
Bd. 14 und Bd. 18 entnommen zu erweisen. Zunächst findet sich
in «Alemannia», Bd. 14 (1886), pag. 183 ff. aus der Chronik
des Ulmer Schusters Sebastian Fischer (vgl. Cod. germ.
Nr. 3091 d. Staatsbibl. zu München, Blatt 398 a b) folgende
Stelle über einen Schwerttanz in Ulm: «In disem 1551 jar
«vff den vnsynigen gutteintag, was der 9. tag hornung,
«hielten die handwerks gsellen ain schwertdantz vff offenem
«markt vor der burger zech etc.« . . . . «der den dantz
«fiert was ein nestler gsell, hiess mit seim namen Lienhart
«Kienly, von Dinkelspiel, ain mayster des schwerts
«vnd der ander der jm halff den dantz fieren, was ain
«schreinergsell, auch ain fechtmayster», ... «da stond
«der fechtmayster Lienhart Kienly vff die schwerter
«hinauff vnd schlug das bariss (wohl ein Paradehieb
aus der Fechtschulenpraxis, der so genannt wurde), wie
«dan die fechtmayster allweg vff der fechtschul
«schlahen», ... «vnd am weyssen suntag hielt der
«nestler Lienhart Kienly fechtschul, alda hielten sy
«auch den schwertdantz, vnd den rayffdantz vff dem
«schuchhauss (Verkaufshalle für die Schuhmacher und Ver-
gnügungslokal wegen des grossen Saales darin), das was
«der letst dantz, hiemit war das dantzen auss, etc.». Das

darf wohl als unbestreitbarer Beleg für einen nahen, durch
äussere Formen wie durch eine innere Gemeinsamkeit, etwa
der kriegerischen Auffassung als Waffenspiel, begründeten
Zusammenhang zwischen beiden Gebräuchen angesehen
werden. Eine ganz ähnliche Verbindung von Schwerttanz
und Fechtschule ergibt sich aus einer Nachricht über den
im Jahre 1600 in Nürnberg abgehaltenen Schwerttanz der
Messerschmiede, worüber «Alemannia», Bd. 18 (1890),
pag. 82/83 zu vergleichen ist. Es heisst dort nach den
betreffenden Schilderungen über diese Aufführung, wie sie
in verschiedenen Chroniken Nürnbergs vorliegen: «Zur
«Erläuterung sei noch bemerkt, dass der seit 1570 in Nürn-
«berg nicht gesehene Schwerttanz der Messerschmiede
«am Sonntag den 13. Februar 1600 vor Joachim
«Nützel's Haus bei St. Lorenz begonnen wurde». Sodann
«weiter: «Am Montag ward vor dem Rathause eine
«Fechtschule gehalten, am Dienstag und Mittwoch aber
«ein gemeiner Tanz im Hause des Paul Pülzl am Rossmarkte,
«an dem ausser vielen Frauen und Jungfrauen auch zwei
«mit goldenen Ketten geschmückte Kronbräute teilnahmen».
Dieser Abschluss der Schwerttanzaufführung durch ein ge-
wöhnliches Tanzvergnügen ist auch als eine Sitte beim
Überlinger Schwerttanze überliefert, nur dass dort der Tanz
ebenfalls im Freien, auf der Strasse stattfindet. Vgl. dazu
«Alemannia», Bd. 14 (1886), pag. 249. So haben wir in
der erwähnten Nürnberger Schwerttanzaufführung die Fechtschule gleichsam als ein von den beiden übrigen Festacten,
dem vorausgehenden Waffentanz und dem nachfolgenden
Tanzreigen, eingerahmtes Mittel- und Hauptstück zu betrachten. Vielleicht ist es auch kein blosser Zufall, dass
wir aus etlichen Jahren, in welchen in Nürnberg keine
Fechtschulen stattgefunden haben, oder wo uns wenigstens
die Überlieferung von solchen fehlt und dieser Mangel zu
einer derartigen Annahme veranlasst, doch von der Abhaltung von Schwerttänzen daselbst wissen und umgekehrt,
gleichsam, als ob das eine Schauspiel zum Ersatze des

andern bewilligt und abgehalten worden wäre. Man vergleiche dazu die oben gegebene Tabelle über die Fechtschulen, wo für Nürnberg mehrmals die Lücken in der Überlieferung derselben durch Angaben von Daten für die Schwerttänze ausgefüllt erscheinen. Übrigens hat bereits O. Wittstock in seinem Aufsatze «über den Schwerttanz der Siebenbürger Sachsen» (in den Philologischen Studien, Festschrift für E. Sievers, Halle 1896, pag. 352 ff.) auf die Möglichkeit solcher Zusammenhänge zwischen Fechtschule und Schwerttanz hingewiesen und die Berechtigung einer solchen Vermutung ebenfalls durch Anführung einer Stelle zu erhärten gesucht, die allerdings seine Annahme, es sei bei diesen Aufführungen zwischen der eigentlichen Fechtübung und dem besonderen Tanzreigen innerhalb des Waffentanzes eine gewisse Scheidung beobachtet worden, als recht wahrscheinlich hinstellt. Wittstock bemerkt zunächst (a. a. O. pag. 357) ganz allgemein: «Man darf wohl die Vermutung aussprechen, «dass die heutige Form unseres Schwerttanzes auf «diese im 14. und 15. Jahrhundert üblichen Fecht- «übungen der Bürger zurückgeht, an denen gerade «den Kürschnern vermöge ihrer numerischen und sonstigen «Bedeutung kein geringer Anteil zufallen mochte. Wäre «mir die betreffende Litteratur zugänglich, so würden sich «vielleicht in unserer Anweisung, wie der Schwert- «tanz getanzt werden soll, noch Reste jener Kunst- «ausdrücke nachweisen lassen, wie sie die Fecht- «bücher des 15. Jahrhunderts enthalten». Das ist ein Gedanke, dem ich, gestützt auf eigene Beobachtungen, nur meine lebhafte Zustimmung geben kann, ohne jedoch leider hier schon für diese als vorläufig geäusserten Annahmen einen endgültigen, einleuchtenden Nachweis beibringen zu können. An die obige Äusserung schliesst Wittstock sodann noch folgende Anmerkung an: «Selbst die Hermann- «stadter Beschreibung des Tanzes scheint ausdrücklich «zwischen Fechtübung und dem Reigen zu scheiden,

«denn in Punkt 19 bemerkt sie, dass dann erst der Fest-
«tanz beginne». Dieser Hinweis bezieht sich auf eine
(a. a. O. pag. 355 wiedergegebene) kurze Anweisung über
den Schwerttanz, die der Zunftlade der früheren Kürschner-
zunft zu Hermannstadt entnommen und jedenfalls ziemlich
älter als die vorliegende Abschrift ist; dieselbe enthält
unter Nr. 19 folgende Vorschrift: «Stellen sich zwei zu
«zwei in zwei linien mit dem schwerte in der seite und
«auf den 3ten takt werden die schwerter zusammen-
«geschlagen und der festtanz wird begonnen». Das
scheint allerdings darauf hinzudeuten, dass die übrigen,
vorher erwähnten 18 Punkte des Tanzes mit den betreffenden
Figuren mehr als eine Art von «Fechtübung» und noch nicht
als Bestandteile des eigentlichen «Festtanzes», der dann
wohl den Abschluss des Schwerttanzes zu bilden hatte,
betrachtet wurden, doch liesse sich Genaueres über diese
Unterscheidung wohl nur schwer sagen und für unsichere
Vermutungen ist hier nicht der Ort. Dagegen ist mir un-
verständlich geblieben, auf welche Weise Wittstock seine
Ansicht über den in Frage stehenden Zusammenhang der
beiden Bräuche durch die Teilnehmerzahl der Schwerttänze
noch kräftiger stützen und begründen will. Er sagt (a. a. O.
pag. 358) nämlich: «Meine Annahme, dass unser Schwert-
«tanz in seiner heutigen Form auf die Fechtübungen des
«Mittelalters zurückgehe, wird auch noch durch die Zahl
«der Tänzer gestützt.» Wittstock erwähnt dann, dass
die Zahl der Teilnehmer nach den Überlieferungen zwischen
10 und 15 schwanke, und zieht daraus den Schluss, dass
die Gruppe der Schwerttänzer ursprünglich aus den 10 Tänzern,
dem Vortänzer und einem oder zwei Harlekins bestanden
zu haben scheine, um dann gestützt darauf einen Zusammenhang mit der «Zehnschaft», die als ein Bruchteil der
germanischen Hundertschaft «die taktisch-administrative
Einheit des Mittelalters» bildet, herstellen zu können. Da
scheint mir nun mit Rücksicht auf die bei Schwerttänzen aus
anderen Gegenden sonst noch überlieferten Teilnehmerzahlen,

wie 24, 70, 180 etc., die obige Annahme einer ursprünglichen «Zehnschaft» doch auf Widerstand zu stossen.
Ausserdem vermag ich zwar wohl einzusehen, was das
Princip der «Zehnschaft» etwa mit der Heeresorganisation
im Allgemeinen, aber keineswegs, was es mit den kriegerischen Fechtübungen im Besonderen oder etwa gar mit den
eigentlichen Fechtschulen der Handwerkerzünfte, aus welchen
die Schwerttänzer sich doch ausschliesslich recrutierten und
für deren Fechtschulen doch allein die gesuchte Beziehung in
Frage kommt, zu thun haben sollte. Jedenfalls scheint mir auch
in dieser Frage das letzte Wort vorerst noch nicht gesprochen
und noch gar manche neue Erfahrung und Erkenntnis einer
späteren Forschung über diesen Gegenstand vorbehalten zu sein.

II. Teil.

Die Spielleute und das fahrende Volk.

Wenn wir uns nunmehr als Übergang zum dritten,
vergleichenden Teile dieser Untersuchung auch noch kurz
mit der bunten Mannigfaltigkeit des Spielmannslebens zu
befassen haben, so mag gleich von vorneherein darauf hingewiesen werden, dass es sich hier nur um einen gedrängten
Überblick über die geschichtliche Entwicklung desselben und das
Leben und Treiben seiner Angehörigen handeln kann. Ich darf
mich bei den Spielleuten und Fahrenden um so eher kürzer
fassen, als ja schon eine recht beträchtliche Litteratur vorliegt, welche sowohl diese Verhältnisse im allgemeinen als
auch die besonderen, zu einer eingehenderen Betrachtung
geeigneten Einzelfragen dieses Gebietes in ausführlichen
Erörterungen behandelt hat, und da ich also jeweils für
das Nähere nur auf die betreffenden Schriften hinweisen
kann, um mich einer allzugrossen Abschweifung auf allerhand
Nachbargebiete und den sich daraus ergebenden Gefahren
möglichst zu entziehen. Freilich werden sich uns im Verlaufe
unserer Beschäftigung mit diesem Gegenstande noch oft genug

Gelegenheiten darbieten, wo sich eine weitergehende Behandlung der gestreiften Fragen fast aufdrängen würde, und wo ich mich hier leider nur mit einem kurzen Ausblick und einer mageren Andeutung begnügen muss.

Der Begriff des Spielmanns hatte in früheren Zeiten, wie uns zahlreiche Stellen in Glossensammlungen und Wörterbüchern und die verschiedenartige Verwendung desselben in den litterarischen Denkmälern zeigen, einen weit umfassenderen Umfang und eine viel allgemeinere Bedeutung als heutzutage. Man verstand darunter die eigentlichen Spielleute, zunächst die Geiger, Fiedler, Harfenschläger, Pfeiffer, Pauker, Trommelschläger, Trompeter und Posaunenbläser, später die Musikanten überhaupt, die Stadtpfeiffer, Heerpauker und Turmbläser, die kriegerischen Musiktruppen und Herolde bei Hofe, beim Heere und bei grossen festlichen Aufzügen, wie die friedlichen, kleinen Gruppen von Instrumentisten, die ihre Kunst in den Dienst der Tanzmusik, der Hochzeiten, Taufen, Messen und Kirchgänge, öffentlicher Schaustellungen und volkstümlicher Belustigungen, ja sogar der strengen Justiz, etwa bei Strafumzügen etc. stellten. Zu ihnen rechnete man aber weiter die ganze buntscheckige und ewig ruhelose, leichtlebige Schar aller derjenigen, die man mit dem stehenden Ausdrucke «varende» oder «gernde diet» bezeichnete, sie also entweder nach ihrem unstäten Wanderleben oder nach ihrem lohnheischenden Gewerbe characterisierend. So fiel unter diesen vielumfassenden Sammelnamen alles, was wir jetzt meistens mit genaueren Angaben ihrer speciellen Künste oder Beschäftigungsarten als Gaukler, Taschenspieler, Seiltänzer, Kunstreiter, Tierbändiger, Klopffechter, Bärenführer, Possenreisser, Ringkämpfer, Athleten, Akrobaten, Jongleure, Zauberer, Marktschreier, Bänkelsänger, Sackpfeiffer, Drehorgelspieler, Wunderdoctoren und wie sie sonst noch alle heissen, benennen. Andererseits gehörten aber auch die fahrenden Sänger und Dichter, die Lotter-

pfaffen, die vagabundierenden Schüler, Studenten
und Geistlichen, die herumziehenden Fechtmeister und Kriegsknechte, die Spruchsprecher und
Pritschenmeister, die Krämer und Quacksalber,
die Raritätenhändler und Jahrmarktsfeilscher, die
Hausierer und Wahrsager, die gewerbsmässigen
Falschspieler, Gauner und Betrüger, die bettelnden
Handwerksburschen und Landstreicher, die Zigeu-
ner, Polakken, Korb- und Kesselflicker, Mausfallen-
händler und Scherenschleiffer der späteren Zeiten,
früher schon auch die wandernden Komödi-
anten und Schauspielergesellschaften zu
dieser Klasse der 'Fahrenden.' Kurz, man darf alles, was
sich auf möglichst leichten Erwerb ausgehend in der
weiten Welt herumtrieb, zu jener grossen Gruppe der
fahrenden Leute rechnen, die mit den Spielleuten wiederum
nahe verwandt war und in den engsten und vertrautesten
Beziehungen stand, so dass die Geschichte ihrer Entwicklung und Schicksale für beide Teile eine so gemeinsame
genannt werden muss, dass sie von Rechtswegen kaum als
eine getrennte behandelt werden darf. Wie die Kämpen
und Fechtmeister, so haben auch die Spielleute und die
mit ihnen oft gemeinsame Sache machenden fahrenden
Sänger und Dichter von der Zeit ihres frühesten Auftretens
bis in die neueste Zeit hinein die verschiedensten Phasen
der Entwicklung, die wechselvollsten Stellungen und Wert-
schätzungen im socialen Leben, die mannigfaltigsten Einflüsse auf Sitten und Gebräuche der verschiedenen Gesell-
schafts- und Volkskreise aufzuweisen. Zunächst stehen sie
als wertvolle Träger und Hüter der schönen Künste an den
Höfen der Könige, Fürsten und Ritter in höchstem Ansehen,
ja sie gelten als verehrte Erzieher und Lehrmeister der
ritterlichen Jugend. Ihre Herren und Beschützer lassen sich
selbst bei der Ausübung ihrer hohen Kunst mit ihnen in
einen Wettstreit ein und sind stolz darauf, es ihnen gleich-
thun zu können oder sie gar noch zu übertreffen. Solche

Verhältnisse finden wir z. B. noch in dem lateinischen Roman von Ruodlieb und im Gudrunliede. Andächtig lauschen die Helden und das Hofgesinde den Weisen der Sänger und den Klängen der Kampfmusik und der Streitlieder, wie sie die Spielleute, vereint mit den Dichtern der Heldenweisen, zum Vortrage bringen, und die gepriesenen Ruhmesthaten der Vorfahren erwecken Mut und Begeisterung bei den Nachkommen, wie uns das in dem angelsächsischen Heldengedichte von Beowulf und in der häufig angeführten Stelle aus dem Gesandtschaftsberichte des Priscus vom Hofe König Attila's überliefert ist. Den Höhepunkt dieser Wertschätzung bildet die Blütezeit des deutschen Rittertums mit seiner Pflege der Minnedichtung, des Frauendienstes, des Turnierwesens und der prächtigen Hoffeste und Aufzüge. Bald aber stellen sich bei diesen übergünstigen Verhältnissen und der verlockenden Aussicht auf leichten und reichen Gewinn im Dienste der vornehmen Fürsten und Herren an den Höfen auch schon die minderwertigen unkünstlerischen und schmarotzenden Elemente ein, die mit unwürdigem Lob und frechem Tadel sich Gunst zu erwerben trachten und durch die grosse Anzahl, durch ihr rücksichtsloses Auftreten und die beständigen, von Brotneid hervorgerufenen Streitigkeiten unter einander zu einer wahren Plage ihrer Gönner werden. So sahen sich denn die geistlichen und weltlichen Herren, in ersterer Linie aber natürlich die Vertreter der kirchlichen Zucht und Ordnung bald genug veranlasst, dieses Gesindel von ihren Festen wegzuweisen und mit den schärfsten Strafen und strengsten Massregeln zu bedrohen. Die nächste Folge dieser Bedrohung mit Kirchenstrafen und des Ausschlusses von den Festen der vornehmeren Höfe — von der rechtlichen Stellung werde ich im dritten Teile noch eingehender zu handeln haben — war nun der Zusammenschluss der Spielleute und Fahrenden unter sich. So entstanden die verschiedenen Pfeifferbrüderschaften mit sogenannten Königen oder Spielgrafen an der Spitze, die Sängerbrüderschaften und alle derartigen Einrichtun-

gen, die aus jenen Zeiten überliefert sind und für deren nähere
Betrachtung ich auf die betreffenden Einzelabhandlungen,
welche im Anhang aufgeführt werden sollen, verweisen
muss. Diese Verbindungen von Gewerbsgenossen stellten
sich dann auch noch besonders unter den Schutz gewisser
hoher weltlicher Fürsten und anderer Herren, oder traten
nunmehr in der Form von Brüderschaften wieder direct
mit der Kirche in Beziehung, um unter gewissen Bedingungen
von dieser die Heilsgnade wieder zu erlangen oder sichergestellt
zu erhalten, die sie als einzelne ausgestossene Kinder der
Sünde verloren hatten oder doch zu verlieren befürchteten.
Mit dem Ableben des Rittertums und dem Verfalle höfischer
Sitten, mit dem zunehmenden Aufschwung des Bürgertums,
dem Erblühen der deutschen Reichs- und Handelsstädte, des
zünftigen Handwerker- und Gewerbewesens gingen auch die
künstlerischen Bethätigungen und Unterhaltungen des früheren
Ritterstandes in bürgerliche Hände und volkstümliche Formen
über. Das Heerwesen wurde nunmehr von den Stadtbehörden
geleitet und organisiert und die Städte hatten ihre eigenen
Truppen und für diese auch ihre eigenen Spielleute, die sie
im Ernstfalle wie bei festlichen Anlässen, in die Stadtfarben
gekleidet, jenen beigesellten. Es sind die Zeiten der Stadtpfeiffer und Turmbläser, der Heerpauker und Heer-
trompeter. Und wie das Kriegs- und Waffenwesen allmälig
auch von den bürgerlichen Ständen und besonders den zünftigen
Handwerkern von den Rittern abgesehen, übernommen und
weitergepflegt wurde, so gingen auch die friedlicheren
Künste mit der Zeit ganz an diese Stände über. Nach dem
Verblühen der höfischen Poesie, des Minnesanges und der
Ritterdichtung überhaupt, wurden, was an spärlichen und
bereits stark entarteten Resten noch zu retten war, diese
letzten Überbleibsel einer einst kräftigen und ursprünglich
frei und leicht hinfliessenden Dichtung von der philisterhaft-
trockenen und durch Formen- und Regelzwang eingeengten
und verknöcherten Kunst der bürgerlichen Meistersingerschulen, oft in gänzlich entstellter Fassung und fremd-

artigem, unpassendem Gewande der Nachwelt überliefert. All das lustige und leichtlebige Gesindel, das sich in früheren Zeiten an den Höfen der weltlichen und geistlichen Fürsten, ja selbst in den Vorhöfen mancher Klöster teils gern gesehen und reichlich bewirtet und belohnt, teils verachtet und höchstens geduldet, oder gar heftig abgewiesen, herumgetrieben hatte, zog sich jetzt in grossen Massen in die sicheren Städte hinein, wo sich ihm bei den vielen Messen, Märkten, Schiessen und sonstigen Volksbelustigungen, wie bei den grossen Festlichkeiten bei Besuchen gekrönter Häupter, bei Hochzeiten, Tauffeierlichkeiten, Reichstagen, Kirchenfesten, Processionen, Schauspielaufführungen u. s. w., die daselbst stattfanden, oft nur allzu leicht und allzu häufig Gelegenheit bot, seine verschiedenen Künste zur Verfügung zu stellen und seine manchmal recht einträglichen Dienste den freigebigen und kunstliebenden Behörden oder dem neugierigen und schaulustigen Publicum anzubieten. Zahlreiche Sittenmandate, Ratserlasse und Verfügungen aus den verschiedensten Städten und Zeitpunkten sind uns noch erhalten, die beweisen, wie stark oft die Zerstreuungslust und das Bedürfnis, mit möglichst viel Prunk und äusserem Glanze aufzutreten, beim niederen Volke sowohl als auch bei den höheren Ständen des Bürgertums war. Und nachdem auch die Blütezeit des Meistergesanges, den man fast in den meisten grösseren und kleineren Städten, aus welchen wir auch Zeugnisse für das Bestehen von· Fechtschulen oder für die Aufführungen von Schwerttänzen haben, und zwar ebenfalls um die gleiche Zeit, seit der Mitte des 15. Jahrhunderts bis hinauf in den Anfang des 19., nachweisen kann, ihrem Abschlusse nahe gekommen war und bereits deutliche Spuren des beginnenden Verfalles zu zeigen begann, da war es auch sonst mit Musik und Dichtkunst nach alter Tradition schon überall ziemlich schlecht bestellt. Die «Musici und Instrumentisten» schlossen sich den wandernden Schauspielergesellschaften an und standen häufig im Dienste minderwertiger Schaustellungen und schlechter

Künstlertruppen, so dass sich ihre letzten Überreste und Ausläufer heutzutage noch in den Sackpfeiffern und Dreh- orgelspielern unserer Stadt- und Landjahrmärkte und Kirch- weihen unschwer wiedererkennen lassen. Und nicht viel besser war das Schicksal der Sänger- und Dichterkunst, die von den noch leidlichen Erzeugnissen des Meistergesanges zu den schalen und geringwertigen Machwerken der Spruch- sprecher und Pritschmeister sich erniedrigen lassen musste und zu Hanswurst- und Narrensprüchen Verwendung fand, bis auch diese ihre am tiefsten stehende Erscheinungs- form, die des «Moritatengesanges und der Bänkelsängerei», annahm, mit welchen, in Verbindung mit den entsetzlichsten musikalischen Genüssen, unsere Ohren jetzt noch in gewissen Gegenden und bei bestimmten Gelegenheiten be- leidigt werden. So wäre man denn schliesslich auch mit der früher so hoch stehenden und fast als etwas Heiliges verehrten Kunst des Sängers und Dichters im Laufe ihrer Entwicklung in rasch absteigender Linie zu einem Tiefstande gelangt, der in dem «fechtenden» Handwerksburschen in ganz ähnlicher Weise als der letzten und niedersten Stufe des edlen und stolzen Kämpen- und Fechterwesens erreicht worden ist. Dieses nicht zu verkennende Endergebnis eines gewissen deutlichen Parallelismus in der Entwicklungs- geschichte dieser beiden, scheinbar so verschiedenartigen und so wenig Beziehungspunkte aufweisenden Stände wird uns im dritten Teile meiner Untersuchung noch näher zu beschäftigen haben, woselbst es unter bestimmten Gesichts- punkten genauer betrachtet und ausführlicher dargestellt und mit den entsprechenden Zeugnissen belegt werden soll.

Es mag an dieser Stelle noch auf einige Einzelfragen eingegangen werden, die mir von Interesse erscheinen, deren weitere Behandlung und endgültige Lösung hier aber noch nicht versucht werden kann. Zunächst kommt für die Anschauungen verschiedener Zeiten über die Spielleute und Fahrenden und den Wechsel ihrer socialen Stellung und gesellschaftlichen Wert- schätzung immer wieder jene Frage in Betracht, wie das «guot umb êre nemen» aufzufassen sei, die mir noch keineswegs erledigt zu sein scheint. Bis jetzt sind zwei einander ziemlich schroff gegenüberstehende Erklärungsarten vorhanden, die, wenn man genauer zusieht, beide ihre volle Berechtigung haben und beide ganz wohl nebeneinander bestehen können, ohne sich gegenseitig auszuschliessen. Sie sind nur aus verschiedenen Gesichtspunkten hervorgegangen, die nach den verschiedenen Zeugnissen, welche sich für beide aufbringen und noch reichlich vermehren lassen, eben thatsächlich schon damals bestanden haben und eine doppelte Auffassung der in Frage stehenden Redewendung zuliessen. Wenn Grimm in seiner Abhandlung über Freidank pag. 64 diesen Ausdruck dahin erklärt, dass mit der Annahme von Geld und anderen Geschenken für ihre Leistungen bei dieser Klasse von Leuten der germanische Ehrbegriff durch dieses «Sichzueigengeben» und Verzichtleisten auf die freie Persönlichkeit und willkürliche Äusserung von Lob und Tadel, in den Augen der Freien und Vornehmen wie der Gesetzgeber, hinfällig geworden sei, so hat er dafür zahlreiche Belege, die das Recht und die Richtigkeit seiner Auffassung erhärten und nicht bestreiten lassen. Andererseits hat aber Haupt in den Anmerkungen zum Erek v. 2167 mit ebensoviel Recht und ebenso zahlreichen und unwiderlegbaren Beweisstellen seine Gegenansicht äussern können, nach welcher es sich nicht um den «Ehrverlust» dieses Standes handeln soll, sondern nur darum, dass er «für gespendeten Lohn» durch seine Kunstleistungen eben seinen Spendern «Lob und Ehre» einträgt, indem er deren Freigebigkeit in seinen Liedern überall preist und der weiten Welt verkündet, dafür aber auch sich durch reichliche Gaben von diesen entsprechend entschädigen lässt. Im Anschlusse an letztere Erklärung ist dann Burdach in seinem Buche «Reimar der Alte und Walther von der Vogelweide» (Leipzig 1880), pag. 132 noch einen Schritt weiter gegangen und hat darauf hingewiesen, dass die Spielleute und Sänger durch das ihren Herren gespendete Lob auch für sich selber den Preis der Ehre gewannen, den sie mit Stolz beanspruchen, über dem sie eifersüchtig wachen und den sie sich heftig streitig machen. So haben wir schliesslich drei verschiedene Auffassungen nebeneinander, die sich alle durch Stellen aus der zeitgenössischen Litteratur belegen lassen und von welchen wohl keine weder absolut unrichtig ist, noch auch die einzige Geltung zu beanspruchen hat. Freilich ist bei allen diesen Belegstücken Eines wohl zu beachten, dass sie nämlich stets eine sehr subjective Färbung zeigen, indem sie entweder aus den Kreisen der Spielleute und Sänger selbst, oder doch wenigstens von Gesinnungsgenossen derselben herstammen, oder aber Äusserungen ihrer Gegner und Feinde darstellen und darum teils durch eifersüchtige Geringschätzung, teils durch strengkirchliche Verachtung entstellt sind, so dass man die aufrichtige Anschauungsweise jener Zeiten nicht mehr immer in ihnen vorfindet. Aus ähnlichen Gründen zeigt sich wohl auch die Behandlung dieser Berufszweige durch das weltliche Recht und das Kirchengesetz so merkwürdig verschieden und inconsequent. Es scheinen allerdings bei der verschiedenen Behandlung dieser Leute durch Recht und Kirche Scheidungen derselben in verschiedene Kategorien, höher- und niedererstehende, vorzuliegen, die eine derartige Unterscheidung in Bezug auf rechtliche und sociale Stellung einigermassen erklären würden, doch sind dieselben durchaus nicht durchgängig gültig und Spuren davon nur sehr spärlich überliefert. Ich gebe hier eine solche Stelle, die gleichsam verschiedene Rangstufen unter den fahrenden Leuten unterscheidet und auch sonst von nicht geringem Interesse ist, wieder, dieselbe dem Buche über Leben und Dichten Walther's von der Vogelweide (1882, Bonn) von Wilmanns entnehmend, der sie daselbst pag. 296/7 nach Huon de Bordeaux, chanson de geste, publiée par F. Guessard et C. Grandmaison, Paris 1860, pag. VI, Anm. citiert hat. Sie entstammt einer «Summa de penitentia» des 13. Jahrhunderts und lautet wie folgt: «Cum «igitur meretrices et histriones veniunt ad confessionem,

«non est danda eis penitentia, nisi ex toto talia officia
«relinquant, quare aliter salvari non possunt .... Sed
«notandum quod tria sunt histrionum genera. Quidam
«transformant et transfigurant corpora sua per turpes saltus
«vel per turpes gestus, vel denudando corpora sua turpiter,
«vel induendo horribiles larvas; et. omnes tales dampnabiles
«sunt nisi relinquant officia sua. Sunt eciam alii histriones
«qui nichil operantur sed curiose agunt, non habentes
«certum domicilium, sed circumeunt curias magnas
«et locuntur opprobria et innominias de absentibus: tales
«et dampnabiles sunt, quare prohibet apostolus cum talibus
«cibum sumere, et dicuntur tales scurre sive magi,
«quare ad nichil aliud utiles sunt nisi ad devorandum et
«ad maledicendum. Est tertium genus histrionum,
«qui habent instrumenta musica ad delectandum
«homines; sed talium duo sunt genera: quidam
«enim frequentant potaciones publicas et lascivas congre-
«gationes ut cantent ibi lascivas cantilenas, et tales
«dampnabiles sunt, sicut alii qui movent homines ad las-
«civiam. Sunt autem alii, qui dicuntur joculatores qui
«cantant gesta principum et vitas sanctorum,
«et faciunt solacia hominibus in egritudinibus suis vel
«in angustiis suis, et non faciunt innumeras turpitudines
«sicut faciunt saltatores et saltatrices et alii
«qui ludunt in ymaginibus inhonestis, et
«faciunt videri quasi quedam fantasmata per incan-
«tationes vel alio modo. Si autem non faciunt talia,
«sed cantant gesta principum instrumentis suis, ut faciant
«solatia hominibus, sicut dictum est, bene possunt sustineri
«tales, sicut ait Alexander papa. Cum quidam joculator quereret
«ab eo, utrum posset salvare animam suam in officio suo,
«quesivit ab eo papa, utrum sciret aliquid aliud opus unde
«posset vivere. Respondit, quod non. Permisit igitur do-
«minus papa, quod ipse viveret de officio suo, dummodo
«abstineret a predictis lascivis turpitudinibus. Notandum
«est quod omnes peccant mortaliter qui dant

«scurris vel lecatoribus vel predictis histrio-
«nibus aliquid de suo. Histrionibus dare
«nichil aliud est quam perdere etc. etc.» (Ms. de la
Bibl. Imp. Sorbonne 1552, fol. 91, r⁰, col. 2.) Ich habe
dieses Zeugnis hier wiedergegeben, weil es einen guten Beleg
für die Vornahme jener Scheidungen, so hier zwischen den
«histriones und scurrae» einerseits und den «joculatores» andererseits, bildet zumal es auch sonst noch einen
trefflichen Einblick in das Wesen der Spielleute jener Zeit und
die Art, wie dieses von der Kirche beurteilt wurde, gewährt.

Ich weise nunmehr noch auf ein mit dem eben besprochenen Punkte in engem Zusammenhange stehendes Gebiet hin,
dasjenige der Spielleuteverbände, Pfeifferbrüderschaften, Sängergesellschaften u. s. w. Leider muss
auch hier betont werden, dass zwar an vereinzelten Angaben über solche Einrichtungen eine ziemlich beträchtliche
Anzahl vorliegt, dass es aber meistens eben nur stark ver-
streute Einzelmitteilungen sind, während uns weitere Aus-
führungen über die betreffenden Institutionen, vor allem ihre
Statuten und Mitgliederverzeichnisse, falls solche vorhanden
waren, in den meisten Fällen noch ausstehen, was für eine
zusammenhängende Gesamtbetrachtung ein recht empfind-
licher Mangel ist. Denn für eine culturgeschichtliche und
sprachwissenschaftliche Erörterung dieser Verhältnisse ist,
solange wir nur die nackte Thatsache des Bestehens
solcher Verbindungen — wie etwa der Pfeifferbrüderschaft im
Elsass, der Bruderschaft der fahrenden Leute vom heiligen
Kreuze in Uznach (vom Jahre 1407, vgl. J. von Arx,
St. Gallen II, 209 und Osenbrüggen, Rechtsgeschichtl.
Studien pag. 136), des zürcherischen Pfeifferkönigreiches (Urkunde von 1431), das auf dem Basler Concil in eine Brüderschaft von unserer lieben Frau umgewandelt wurde (Urkunde von 1502, vgl. Osenbrüggen a. a. O. pag. 137/8
und Joh. v. Müller, Der Geschichte schweiz Eidg., Buch III, 1,
pag. 161/2), ferner einer in Wien (1282 oder 1288?) gegründeten St. Nicolai-Bruderschaft der fahrenden Spielleute

(vgl. Paul's Grundriss d. germ. Phil.[1], Bd. II 2, pag. 317 und 322), der confrérie de la Sainte Chandelle d'Arras (vgl. Strassburger Studien, Bd. III, 163 und Z. f. d. A., 31, Anz. 245/6), der in Frankreich bestehenden confréries du Puy u. s. w. — kennen, von ihren Gebräuchen und Einrichtungen aber so gut wie nichts überliefert erhalten, nur äusserst wenig gewonnen, so dass sich vorerst nur die blosse Vermutung gewisser entwicklungsgeschichtlicher Zusammenhänge und Beziehungen auch unter diesen gesellschaftlichen Organisationen der Spielleute aussprechen lässt. Jedenfalls hat sich mir an Hand der vorgenommenen Untersuchungen manche Einzelheit erst in ihrem vollen Werte gezeigt und wurde ich dabei zu der Überzeugung geführt, dass sich auch auf diesen Gebieten eine eingehende Detailforschung noch sehr fruchtbar und anregend erweisen kann. Denn dass gerade solche Behandlungen von Einzelfragen für unsere Zwecke wertvolles Beweismaterial zuführen können, hat mich die erfolgreiche Benützung solcher Arbeiten, wie Plate's Aufsatz über die Kunstausdrücke der Meistersinger in den Strassburger Studien, Bd. III (1888), pag. 147—225, Drescher's Ausgabe der Meistersinger-Protocolle aus Nürnberg von den Jahren 1575—1689 in der Bibl. d. Stuttg. litt. Vereins, Bd. 213 u. 214 (1897) und anderer ähnlicher gelehrt, die mir wenigstens einzelne, nicht unwichtige Beiträge und Fingerzeige für die vorliegende Untersuchung liefern konnten.

III. Teil.

Der zwischen den Fechtern und Kämpen einerseits und den Spielleuten und Fahrenden andererseits bestehende, entwicklungsgeschichtliche Parallelismus und seine verschiedenen Ausdrucksformen im Rechtswesen und in socialen Verhältnissen, in Litteratur und Sprache.

Meine Annahme, dass zwischen den Kämpen und Spielleuten bereits in der früheren Zeit, wie es später zwischen den Fechtschulen und Meistersingerschulen

7

ganz offenbar zu Tage tritt, gewisse gegenseitige Beziehungen und culturgeschichtliche Zusammenhänge bestanden haben, die in der verschiedensten Weise, am deutlichsten aber in Litteratur und Sprache ihren Ausdruck fanden, kann sich auf verschiedene Thatsachen und Zeugnisse stützen, die uns teils durch geschichtliche und rechtliche Denkmäler, teils eben durch sprachliche Ausdrücke und ihre litterarische Verwendung dargeboten werden. Vielfach werden die beiden Berufsklassen zusammen genannt, mit gemeinschaftlichen Ausdrücken bezeichnet und es besteht wohl kein Zweifel, dass beide im Verlaufe ihrer geschichtlichen Entwicklung nebeneinander hergehend gewisse Tiefstände und Höhepunkte gemeinsam aufzuweisen haben, wenn sich auch dieser Parallelismus bis jetzt oft nur an ganz vereinzelten Stellen seines grossen Verlaufes noch deutlich nachweisen lässt. Manche kleine Anhaltspunkte weisen aber des entschiedensten auf derartige Übereinstimmungen zwischen beiden hin, und diesen etwas genauer nachzugehen, um die Berechtigung der geäusserten Vermutung zu beweisen, ist nunmehr meine Aufgabe.

Ich beginne mit der Anführung einiger r e c h t - l i c h e r Belege, die uns von der gleichen oder wenigstens äusserst ähnlichen Behandlung der Kämpen und Spielleute durch gesetzliche Bestimmungen den Nachweis erbringen sollen. Die «lex Frisionum» hat einen eigenen Abschnitt «de hominibus, qui sine compositione (ungestraft, ohne dass Wergeld zu leisten wäre') occidi possunt», wo es 5, 1. gleich an erster Stelle heisst: «c a m p i o n e m s i n e c o m p o s i t i o n e o c c i d e r e l i c e t», wozu auch die C. C. C. Art. 150 zu vergleichen ist. Im Sachsenspiegel III, 45 lautet die Stelle über die Scheinbusse, welche diesen zur Rechtlosigkeit erniedrigten Ständen zu Teil wird, folgendermassen: «Papen- «kindere unde die unecht geboren sin, den gift man to bote «en vuder houwes alse twene jarge ossen getien mogen. «spelluden unde alle den, die sik to egene geven, «den gift man to bote den scaden enes mannes. k e m p e n

«unde iren kinderen den gift man to bote den blik von
«eme kampfscilde jegen die sunnen. twene besmen unde
«en schere is der bote, die ire recht mit düve oder mit
«rove oder mit anderen dingen verwerken». Ähnlich bestimmt das schwäbische Landrecht (305, Schilt. 402,
Senkenb. 255, Wackern): «Spillüten und allen den,
«die gut für ere nement und die sich ze aigen geben
«hant, den gibt man ains mannes schaten von der sunnen,
«daz ist also gesprochen, swer in iht laides tut, daz man
«in bezzern sol, der sol zu ainer wende stan, da diu sunne
«an schinet und sol der spilman dar gan oder der sich ze
«aigen ergeben hat, und sol den schaten an der wende
«an den hals slahen, mit der rach sol im gebezzert sin».
Noch deutlicher und ausführlicher ist die rechtliche Stellung
dieser beiden Stände und die Kategorie von Verbrechern,
zu welchen sie gerechnet werden, bezeichnet in folgenden
beiden Stellen, die dem Spiegel deutscher Leute entnommen
sind (vgl. K. Weinhold. Mhd. Lesebuch[3] Wien, 1875.
pag. 174). Es heisst dort I, 41: «Kemphen und iriu
«kint, spilliute und alle die unêlich geborn sint, oder
«die diubheit oder roub [den rehten strâzroup] süenent oder
«widergebent und des vor gerihte überwunden sint, oder
«die ir lîp und hût und hâr erlediget habent, die sint alle
«rehtelos. die unêlich geborn sint, gewinnent ir reht, ob
«si êlichen hîrât tuont; si erbent aber niht kein erbeguot».
Dazu ist Sachsenspiegel I, 38, 1 und Schwabenspiegel I, 38
zu vergleichen. Ferner heisst es I, 283: «Spilliuten und
«allen die sich ze eigen gebent, den gît man ze buoze
«den schaten eines mannes. kemphen und ir kinden,
«den gît man ze buoze den blick von einem kampfschilt
«gegen der sunnen. zwên besemen und ein schaere ist
«der reht, die ir reht mit diupheit oder roube verwurkent
«oder mit andern dingen. unehter liute buoze gît harte
«lützel fromen und sint doch darumbe gesat, daz der buoze
«des richters gewette volge. Âne buoze sint unehte liute;
«doch swer sô ir einen wundet oder roubet oder toetet

«oder unrehtiu wîp nôtzoget und den fride an in brichet, «man sol über in rihten nâch frides rehte». Vergleicht man die, mit der aus dem Spiegel deutscher Leute citierten Stelle (I, 41) gleichlautende des Sachsenspiegels (Ed. Homeyer) I, 38, 1: «Kempen unde ir kindere, spelüde, «unde alle die unecht geborn sin unde die diuve oder rof «sünet . . . . . . die sint alle rechtlos», mit einer späteren Bestimmung des gleichen Rechtsbuches I, 50, 2, welche lautet: «Al si ok en man speleman oder unecht geboren he n'is «doch dieves noch roveres genot nicht, alse man «kempen up ine leden moge», und die Glosse zum Worte «speleman», welche dieses erklärt als: «dat vornem van «veddeleren unde eren genoten. mer wete dat gokelere «unde toverere ok spellüde heiten», so wird man zu der Vermutung kommen, dass wie die geistlichen Würdenträger in ihren Erlassen gegen das fahrende Volk gewisse Unterschiede gemacht haben zwischen den Vertretern der verschiedenen Künste — ich habe im zweiten Abschnitt ein Zeugnis davon angeführt, worauf ich jetzt verweisen kann —, so auch die Rechtsbücher in der Schärfe ihrer Bestimmungen einen verschiedenen Grad aufweisen, je nachdem es sich innerhalb der grösseren Kategorie der «rehtlosen liute» um die «eigentlichen Spielleute und Musikanten» oder um die geringer geachteten «Gaukler und Zauberer» handelt. Jedenfalls darf man annehmen, dass die Spielleute im eigentlichsten Sinne des Wortes von der ganzen grossen Gesellschaft weitaus die geachtetsten waren und sowohl in rechtlicher Beziehung wie, was ihre sociale Stellung anbetrifft, eine bessere Lage aufweisen als die meisten anderen ihrer Berufs- und Standesgenossen, weil eben ihre Thätigkeit doch einigermassen als Kunst betrachtet und geschätzt wurde. Es gibt sogar eine alte Rechtsbestimmung, die gerade den Harfenspieler gegenüber dem gewöhnlichen Menschen gegen Verletzungen besonders in Schutz nimmt, um ihn in der Ausübung seines Gewerbes weit mehr als andere zu sichern. Dieselbe

findet sich in Walther's Corpus juris germanici
antiqui I, 1. pag. 377 f. (lex Anglorum et Veri-
norum, hoc est Thuringorum tit. 5. art. 20) und lautet:
«Qui harpatorem qui cum circulo harpare potest in
«manum percusserit, componat illum quarta parte majori
«compositione, quam alteri ejusdem conditionis
homini»; ein solcher Spielmann war also gleichsam vier-
mal höher gewertet als ein gemeiner «künsteloser» Mann,
was als das gerade Gegenteil der sonst üblichen Anschauungen erscheint, allerdings auch noch in eine viel frühere
Zeit fällt als die späteren Bestimmungen widersprechender
Art. Ähnliche Spott- und Scheinbussen für die Spielleute
und Fahrenden verwandter Art, wie sie die oben angeführten Stellen vorschreiben, zeigen auch noch einige ältere
Stadtrechte, deren Bestimmungen ich der Abhandlung G. Zappert's «Über das Fragment eines Liber dativus», [Sitzungs-
berichte der kais. Akademie der Wissenschaften, phil.-hist.
Classe Bd. XIII. (1854. Wien)], wo er pag. 150—161 über
die Joculatoren handelt, entnehme. Im Stadtrecht Herzog
Friedrich's II für Wien vom Jahre 1244 (vgl. Archiv d.
kais. Akad. Bd. 10, pag. 134) heisst eine Stelle: «Si autem
«aliquis verberet aliquam inhonestam personam . . . . .
«garzionem vel levem ioculatorem, qui verbis vel aliqua
«indisciplina hoc erga ipsum meruerit, si hoc probaverit,
«nichil det iudici, verberato etiam nichil praeter tres
«plagas, quas eidem hilariter superaddat». Im Stadtrecht für Haimburg [Cod. S. XIV] findet sich die gleiche
Bestimmung (vgl. Meiller, Archiv d. kais. Akad. 10, 141),
wir lesen dort: «Ob aver ieman slecht einen leichten
«man, leicht einen loter oder einen posenspilman . . . .
«der geb dem richter darumb nichtes niht, vmb den
«geslagen auch nicht, denn drei sleg, die er im
«vroeleich zv geb». Eine rechtliche Minderstellung der
Spielleute und Fahrenden bezeugt auch eine Stelle des
Stadtrechts von Landshut aus dem Jahre 1279 bei Gaupp,
Deutsch. Stadtrecht. 1, 154 (vgl. dazu auch Rössler, Alt-

prager Stadtr. 1, 152 ff.), dieselbe lautet; «Item si civis «interdictum civitatis vel mimum vel meretricem publicam «ex causa laeserit, quoad judicium civitatis remanet im- «punitus; non sunt enim jure legali tales legum «laqueis innodati». Dass solche Leute auch ihres Erb- gutes verlustig gingen, hat uns bereits eine der oben an- geführten Stellen gezeigt, wozu ich noch eine Bestimmung der Brünner Schöffensatzung [s. S. IV] (vgl. Rössler, Stadtr. v. Brünn, pag. 401) folgenden Wortlautes: «Wiert auch ‹der sun ein spilman oder ein solich man der guet ‹nimpt vur êr, da mit verleust er auch sein erbtail, «iz sei dan daz sein vater ein spilman sei gewesen «oder guet vur êr hab genumen», fügen sowie an jene andere, bereits früher einmal erwähnte Verordnung der bayrischen Landrechte von 1553 und 1616, fol. 164 (vgl. Öfele, Rerum Boicarum scriptores I, 307), wonach ein Kind enterbt werden kann: «so ohne der Eltern Willen «sich in leichtfertig Übung und Buebenleben begebe, als «so es ein Freyhartsbueb oder ein Gauckler wurde, «oder liesse sich, mit den Thieren zu kämpfen [als «Katzenritter und Klopffechter also!] umb Geld bestellen», kurz erinnern will. Ausser diesen verschiedenen Bestim- mungen über die rechtlosen Leute besitzen wir auch noch einige Verordnungen darüber, dass sie nicht zeugnisfähig waren, wenigstens vor Gericht nicht als gültige Zeugen anerkannt wurden. So heisst es im Manuscripte zum bay- rischen Landrechte vom Jahre 1453: «Freyheit und Bueben «mag man zu Zewg verwerffen» (vgl. auch Gemeiner's Regensburgische Chronik, Teil II, pag. 253. 290. III, 247). Haltaus gibt in seinem Glossarium germanicum medii aevi, Spalte 1492, unter dem Worte Platzmeister[2]), das er durch: ‚vilium pugilum quaestus causa, coram mul- titudine certantium, magister et lanista' («Meister und Schulhalter!») erklärt, noch einige weitere Beispiele zu der oben angeführten Thatsache, die als willkommene Belege derselben noch kurz erwähnt werden mögen. In

dem Statut von Freiburg i. B. vom Jahre 1520, fol. 17 b.
steht: «Frouwenwirt vnd platzmeister sind vntögen-
«lich zu kuntschafft». Ebenda, fol. 72 b werden erwähnt, wo von den Gründen der Enterbung die Rede ist:
«welcher üppig stend an sich neme, also das einer ein
«frowenwirt, ein hencker, oder ein offner platzmeister
«würd, oder sich andrer derglichen schnöden bübischen
«gattungen belübd vnd anneme etc. . . . . .» «vssgenommen
«ob sin vatter oder eltern ouch solich ‚vnlüt' gewesen
«werent». Ähnliches bestimmt das Landrecht von Württemberg vom Jahre 1554, fol. 249, von dem: «der sich . . . .
«in ein leichtfertigs, vppigs leben vnnd wesen begebe,
«Als da seind Frawenwirt, oder Wirt, Nachrichter, Schol-
«derer, Platzmeister, Gauckler vnd dergleichen». Der
Schwabenspiegel führt Kapitel 15, 4, wo er über Personen,
die als Zeugen zu verwerfen sind, handelt, nach dem Texte
von Scherz an: «Und freihait die so tump sint, daz etc.»
[Cod. Wurmbr. gibt: «Puben mügen nicht tzewgen
seyn vnd die, die all tump sint, das . . . . u. s. w.» und
Cod. Ingolst. hat: «vnd freyhart oder pube etc.»]. Scherz
gibt diesen Begriff allgemein und ganz das Richtige treffend
mit «vilissimae conditionis homines» wieder, wie
auch Haltaus in seinem Glossar sub voce «Spielleute»
sp. 1702 ff. bemerkt: «Qui plebi dabant operam mer-
«cenariam, ita eviluere, ut non solum inter maleficos
«et infames, sed etiam ‚pro nullis' civiliter haberen-
«tur». Dazu stimmen auch völlig die an jenem Orte von
ihm noch citierten Stellen, wonach in den Gesetzen von
Goslar (Leibn. III, 524) die Bezeichnungen «onechte Lüte»
und «Speellüte» gleichgesetzt werden, ferner die Bestimmung
eines Synodalstatutes von Eichstädt vom Jahre 1435, welche
den Genuss des heil. Abendmahls versagt allen: «denen,
«die ein verläumbt Leben führen, als Gauckler,
«Zauberer, öffentlich Scholderer, öffentlich Loder, und
«‚gelohnt sundlich Spilleuth' gemeinen Frauen und
«ihren Wirthen» (Dan. de Falckenstein, Cod. Dipl. Antiqu.

Nordgau. Append. pag. 75). Nicht immer aber lagen die Verhältnisse dieser Leute so im Argen, und besonders, wenn sie sich organisierten, sich etwa einem Spielgrafen oder Spielleutekönig, gewöhnlich irgend einem Fürsten oder dessen Stellvertreter, unterordneten, durften sie hoffen, von der weltlichen Gerichtsbarkeit wie vom Kirchengesetze der Geistlichkeit etwas milder und besser behandelt zu werden. Ich füge dafür noch einige Belege an, die ebenfalls Haltaus (a. a. O.) entnommen sind. In den Manuscripten der Wiener Statuten findet sich eine Stelle, die besagt: «das ain jeder varen‹der man nyndert antwurten sol dan vor seinem «spilgraven», vgl. Dan. de Uffenbach. Bibl. Mss. II, 134. Anm. 16. Und Joh. Fried. Scheid gibt in seiner «Dissertatio inaug. de jure in musicos singulari germ. Dienste «und Obrigkeit der Spielleuth, comitatui Rappoltstein. annexo», Argentorati 1719, pag. 48 f. einen Erlass des Erzbischofs Caspar von Basel, vom 11. März 1480 aus Pruntrut datiert, wieder, in welchem er den Spielleutebrüderschaften unter gewissen Bedingungen die Teilnahme an Beichte und Abendmahl gewährt. Es heisst dort: «.... Fistulatori‑«bus, Tubicinis et Mimis societatis et confraterniae «villae Alten Tann nuncupatae, nostrae Dioces. «atque ceteris in Instrumentis musicalibus lusori‑«bus Societatis et confraterniae eiusdem, tam in «dicta villa, quam in Civitatibus, et Dioces. Basi‑«liensis et Argentinensis constitutis, quibuscunque, «..... nobis pro parte vestra exhibitis et ostensis, didici‑«mus per eundem Dominum Julianum, auctoritate suae «Legationis fuisse permissum, et concessum esse, vobis «et singulis vestrum, vt anno quolibet semel tantum, «videlicet in pascali festo, vobis, confessis, et contritis, «et in communione fidelium existentibus, divinissimum «Eucharistiae Sacramentum, ministrari possit, et Ec‑«clesiarum Rectores, seu Curati, sub quorum cura «vos, pro tempore, degere contigerit, Illud vobis «ministrare debeant; dummodo per quindecim ante

«hujus Sacramenti perceptionem, et post illam, per
«totidem alios dies, ab officiorum vestrorum et scur-
«rilium operum exercitijs, abstineatis, et id vobis
«specialiter inhiberi non contigerit; Vnde supplicationi-
«bus, pro parte vestrum, nobis desuper factis, inclinati, prae-
«missa, per antefatum Dominum Julianum Legatum, sic
«vobis permissa et concessa ut praescribuntur, auctoritate
«nostra Ordinaria, quantum in Nobis est, fieri permittimus,
«et consentimus, ac concedimus in Dei nomine per prae-
«sentes Sigilli appensione in eorum fidem roboratas etc.»

Dazu kommen noch weitere Zeugnisse, die darauf schliessen
lassen, dass sowohl die rechtliche als auch die sociale und
gesellschaftliche Stellung dieser Leute nicht überall und zu
allen Zeiten eine gleich schlimme gewesen sein kann, da
sie uns sonst wohl kaum als Zeugen in Urkunden, als
Spender in Schenkungsbüchern, als glückliche Be-
sitzer von eigenen Häusern und erblichen Gütern
entgegentreten würden, wie die folgenden Belege es nachweisen sollen. In Du Cange's Glossarium mediae et
infimae latinitatis tom. II, 65 c. steht folgende Angabe:
«Charta Henrici I. Regis Anglorum in Monastico Angli-
«cano tom. 2, pag. 973. subscribitur a ‚Roberto de
«Bajocis, campione Regis'». Ferner findet sich in einer
Urkunde Heinrich's VI. vom Jahre 1189 als Zeuge ein
«Rupertus, joculator regis» unterzeichnet (vgl. Toeche,
Heinrich VI., pag. 504) [Mon. Boic. 6, 502]. In einer Urkunde von 1169 stehen als Zeugen Herzog Welf mit seinem
Hofgesinde unterzeichnet, darunter erscheint «Sagelin
ioculator», (vgl. Hormayr, die gold. Chronik, Anhang,
pag. 6, cl. 1.) Die Quellen und Erörterungen zur bayrischen
und deutschen Geschichte (vgl. auch W. Scherer, Deutsche
Studien I. Wien, 1870, pag. 12) 1, 110 führen aus dem
Schenkungsbuche des Klosters St. Emmeran unter Nr. 216
einen «Gebehart gigare», ferner 1, 131 aus demselben
unter Nr. 252 einen «Liupold cithareda» an. Ebenda
ist unter Nr. 254 auch noch ein «Perhtold mimus de

Roit» überliefert. Eine Prüflinger Urkunde (Nr. 63) nennt einen «Gebehart Cytarista» (Mon. Boica 13, 69). Eine Weltenburger Urkunde gibt: «Gebhart filius Gebehardi histrionis», ebenso eine andere vom gleichen Orte (Mon. Boica 13, 342. 344). Weiter erscheinen die folgenden Namen: «Chuonrat. Oudalricus joculatores et filii eorum» in einer Prüflinger Urkunde des Bischofs Hermann von Bamberg (Mon. Boic. 13, 186), «Chunrat, der Geiger von Weikershoven» (Mon. Scheiren. MB. 10, 482), «Eberhardus mimus» (Mon. Osterhov. MB. 12, 353), «Engilmar, Joculator de Walde» (Mon. Scheftlarn. MB. 8, 414), «Gozwinus mimus (Mon. Aspacensia MB. 5, 137), «Isinrich vagus» (Mon. Oberaltaich. MB. 12, 38), «Piligrin Cytareda» (Mon. Weyarens. M. B. 7, 472), «Rudigerus citharedus» (Mon. Weltenburg. MB. 13, 365), «Sigibot Cythareda» (Mon. Tegernsee. MB. 6, 146). Ferner findet sich folgende Angabe: «Notum sit omnibus . . . . . quod «ulricus ioculator tradidit liberum caput suum super «altare sancti stephani» (Cod. Trad. Patav. [S. XIII] MB. 29, P. 2, 269). Endlich findet sich noch ein «Waltherus Spilman» (Frast, Stiftb. v. Zwetl. pag. 468) und «Willehalmus ioculator de scala» (M. Fischer, Cod. trad. Claustroneob. pag. 146, Nr. 658). Als Spielleute, welche im Dienste geistlicher oder weltlicher Fürsten standen, sind uns überliefert in dem von Zappert (a. a. O. Wiener Sitz.-Ber., Bd. XIII, pag. 97 ff.) besprochenen Wiener Fragment eines «Liber dativus»: 1) «Eberhardus joculator ducis» (l. 49), nämlich Herzog Leopold's V. von Östreich, und 2) «Wolfkerus joculator episcopi» (l. 60), nämlich Bischof Ulrich's von Passau, welche daselbst als Spender von Gaben eingetragen sind. Ferner haben wir aus dem Gültenbuch der Schottenabtei vom Jahre 1398 die Spielleute mit Namen erhalten, welche damals, zur Zeit Albrecht's IV., in Wien ihres Amtes walteten und teilweise direct dem Hofgesinde anzugehören scheinen, wie die beigefügten Zusätze erkennen lassen (vgl. Zappert

a. a. O., pag. 161, Anm. 145). Es sind dort folgende genannt; «Albertus fistulator de domo» (pag. 11a), «Hans pusawner ducis Alberti», (pag. 39a und 40a), «Hans Trümeter» (pag. 40b), «Peter Schanntunhazz leyrer de domo» (pag. 40b), «Hans pawker» (pag. 41b), «Rueger phiffer» (pag. 41b), «Jacob fistulator duc. Alberti» (pag. 41b), «Andree Trometer» (pag. 42a), «Hans Tümpusawner» (pag. 42a), «Jorig paukker» (pag. 42a), «Ewerhart pheifer» (pag. 42b), «Hertel pheifer» (pag. 48a), «Johannes fistulator de Retz» (pag. 48a), «Mer. fidler» (pag. 50a), «Heinr., Lauttenslaher» (pag. 52a), «Seydel pauker» (pag. 65b). Auf ähnliche Verhältnisse solcher im Fürstendienste stehender Spielleute beziehen sich jedenfalls auch die aus alten Baurechnungen der Stadt Augsburg bei Witz, Versuch einer Geschichte der theatralischen Vorstellungen in Augsburg 1876, pag. 5 ff. wiedergegebenen Einträge zum Jahre 1327: «Duobus histrionibus missis civibus de nuptiis «ducis Karinthiae . . . . . . V. ß Haller», ferner von 1329: «Item Joculatoribus domini imperatoris de «nuptiis ducis Rudolphi 5 ß Haller, und endlich vom Jahre 1330: «uni Joculatori, quem dux Karinthiae «misit civibus de quibusdam nuptiis M. ß» Das scheint doch auf Fahrende zu deuten, die entweder im festen Dienste der genannten Fürsten standen und von ihnen nach anderen Orten zur Teilnahme an den dortigen Festlichkeiten verliehen wurden, oder jedenfalls auf solche, die sonst in näheren Beziehungen zu ihren betreffenden Gönnern standen.

Nunmehr noch einige Belege dafür, dass die Spielleute und Fahrenden, durch ihre hohen Herren begünstigt und gefördert, zu ganz ansehnlichem Reichtum gelangen konnten und dann, infolge davon auch rechtlich und social höher gestellt, sich eines wohlverdienten Besitzes ruhig und ungeschmälert erfreuen durften. So findet sich bei Zappert (a. a. O. pag. 160) die Nachricht verzeichnet, dass sich ein Spielmann mit dem Zehnten eines Grundstückes in St. Gallen einen Jahrtag gestiftet hat. («Berthold Joculatoris de decima vf dem Bole in superiori Berge», vgl. Nekr. St. Gall. [1272] Goldast. S. R. Alam. 1, 100, cl. 2.) Ferner ist aus England eine Überlieferung vorhanden, die uns zeigt, dass Spielleute dort sogar in den Besitz von einem oder mehreren Häusern kommen konnten, was übrigens auch aus Deutschland nachzuweisen ist. Im Domesday-Book, London 1783, I, 162a, steht die Notiz: «Berdic joculator regis habet III. villas», und ebenda I, 38d heisst es: «Et Adelina joculatrix unam quam comes dedit ei». Eine bekannte Thatsache ist es, das Konrad von Würzburg, der in den Urkunden noch als «vagus», also als ein 'fahrender Sänger', wie auch Freidank es war, bezeichnet wird, in Basel ein eigenes Haus besass. Von Herrn Dr. phil. E. Dragendorff aus Rostock habe ich die gütige Mitteilung anzuführen, dass er bei seinen Studien in Rostocker Chroniken und Stadtbüchern drei Musikanten, einen «basunre», einen «timponator» und einen «lireman» als Eigentümer von «erblichen» Grundstücken (hereditates) bezeichnet gefunden hat. Daneben erwähnt er auch noch einen «scermere» (schirmer, gladiator) und einen «saltator, sprengere», die beide als Hausbesitzer genannt werden.

Damit beschliesse ich die Betrachtung der rechtlichen und gesellschaftlichen Gemeinschaft, welche sich zwischen den beiden Ständen der Spielleute und Fechter in manchen Übereinstimmungen ergeben hat, um zu der Untersuchung ihrer litterarischen und sprachlichen Zusammenhänge überzugehen. Bei der überaus grossen Rolle, die Kampf und Krieg im Leben der germanischen Völkerschaften von den ersten Zeiten ihres Bestehens an gespielt haben, ist es nicht wunderbar, wenn die Spuren davon sich auf allen möglichen Gebieten des deutschen Culturlebens schon frühe geltend machen, und wenn wir in Recht und Gesetz, aber auch in Kunst und Sprache, wie in Cultus, Verfassung und

Sitte, ja fast überall, wo unser Auge sich hinwenden mag, die Einflüsse dieses Grundmotives germanischer Weltanschauung in den verschiedensten Formen verkörpert und erhalten finden. Aber neben dem Ernste des Streites her geht ebenfalls schon in den ältesten Zeiten der Überlieferung das frohe Spiel, die Freude an Gesang und Musik, an Liedern und Tänzen, die zur Erholung gepflegt werden in den kurzen Friedenszeiten. Und so hat sich denn die Poesie, die ursprünglichste Litteraturform der Völker, auch der Ausgestaltung und Wiedergabe dieser beiden Seiten des deutschen Lebens mit gleicher Liebe und Sorgfalt zugewendet, sie schildert uns das «Spiel der Waffen» und den «Streit der Lieder», sie ist Heldendichtung und Spielmannspoesie zu gleicher Zeit. Es darf darum auch nicht befremden, wenn die Dichter der einen oder anderen Gattung es sich angelegen sein liessen, um die Wirkung ihrer Stoffe zu erhöhen, sich beliebter Vergleiche zu bedienen, die sie jeweils eben ihrem nächst verwandten Gebiete entnahmen. Durch diesen Parallelismus, wie er nicht nur in der Wirklichkeit bestand, sondern auch in das künstlerische Leben der Poesie eingeführt wurde, ist es wohl zu erklären, dass wir einige treffliche Kampfschilderungen mit gelungenen Anspielungen auf das Spielmannsleben haben, und dass andererseits verschiedene Dichtungen die wirksame Form eines Streites angenommen haben und auch in ihren sprachlichen Wendungen häufige Bilder und Anklänge aus dem Kampf- und Turnierwesen aufweisen. Auch sonst sind Ausdrücke und Redewendungen aus diesen beiden Gebieten, besonders wohl in späterer Zeit, da die Spielleute und Fechter wandernd und Erwerb suchend von Ort zu Ort zogen, in die volkstümliche Sprache übergegangen und haben ihre deutlichen Spuren, bis heute noch wohl erhalten, in ihr hinterlassen, worauf später noch etwas näher einzugehen sein wird. Zunächst mögen einige Stellen hier Platz finden, in welchen das Kampfleben mit dem Treiben der Spielleute verglichen wird, ·wie sich solche z. B. im Nibelungenliede und im Grossen Rosengarten finden. Aus dem letzteren etwa folgende Verse:

« Dô sprach der küene Fulkêr 'ich nemen ez mich an:
«ich wil mit eime fideln des besten des ich kan'». Roseng.
v. 1462/3.

« Fulkêr der fidelaere des moniches ouch niht vergaz,
«vil manegen slag er im ûf den helm mit sînem bogen
maz». 1512/3.

«du gildest mir den gîgenstrich, den du mir hâst getân,
«ich verschrôten dir die seiten' sprach der monich Ilsan.
« Dô sprach der küene Fulkêr 'ein fideler wil ich noch sîn,
«ich kan wol gestrîchen mit dem fidelbogen mîn.
«swaz ich dâ mite herreiche, daz muoz von einander gân'.
« dô liefen sie aber beide vil grimmeclich einander an». Roseng.
1520—1525.

«hât si der hübschen videler bî dem Rîne iht mêr?
«swie suoze ir seiten hellent, ir videlboge ist kranc».
Roseng. D. 1772/3.

Ferner die folgenden Stellen des Nibelungenliedes:

« Volkêr der snelle zôh nâher ûf der banc
«einen videlbogen starken, michel unde lanc,
«gelîch einem swerte scharf unde breit». 1723, 1—3.
« Volkêr der küene zuo den Hiunen sprach
«'wie geturret ir den recken für die füeze gân?
«und welt ir iuchs niht mîden, sô wirt iu leide getân.
«Sô slah ich eteslîchem sô swaeren gîgen slac,
«hât er getriwen iemen, daz erz beweinen mac». 1758,2—1759,2.
« Volkêr der vil snelle von dem tische spranc:
«sîn videlboge im lûte an sîner hant erklanc.
«dô videlte ungefuoge Gunthers spilman.
«hey waz er im ze vînde der küenen Hiunen gewan!» 1903, 1—4.
«'Daz tuon ich sicherlîchen', sprach der spilman.
«er begunde videlende durch den palas gân:
«ein hertez swert im ofte an sîner hant erklanc.» 1913,
« Ach wê der hôhzîte', sprach der künic hêr. 1—3.
«dâ vihtet einer inne, der heizet Volkêr,
«alsam ein eber wilde, unde ist ein spilman». 1938, 1—3.
«Sîn leiche lûtent übele, sîn züge sint rôt:
«jâ vellent sîne doene manegen helt tôt.
«ine weiz niht waz uns wîzet der selbe spilman;» 1939, 1—3.

«,hoert ir die doene, Hagne, die dort Volkêr
« videlt mit den Hiunen, swer zuo den türnen gât?
« ez ist ein rôter anstrich, den er zem videlbogen hât'.»

1941, 2—4.

« Nu schowe, künic hêre, Volkêr ist dir holt:
« er dient willeclîchen dîn silber und dîn golt.
« sîn videlboge snîdet durch den herten stâl:
« er brichet ûf den helmen diu lieht schînenden mâl». 1943.
« In gesach nie videlaere sô hêrlîche stân,
« alsô der degen Volkêr hiute hât getân.
« sîne leiche hellent durch helm unt durch rant.
« jâ sol er rîten guotiu ros und tragen hêrlich gewant'». 1944.
« 'Desen lât iuch niht gelangen', sprach aber Wolfhart.
« 'ich entrihte iu sô die seiten, swenn ir die widervart
« rîtet gein Rîne, daz irz wol muget sagen». 2206, 1—3.
« Dô sprach der videlaere ,swenne ir die seiten mîn
« verirret guoter doene, der iwer helmschîn
« muoz vil trüebe werden von der mînen hant,
« swie aber ich gerîte in der Burgonde lant'.» 2207.
« er spranc im hin engegne. dô hete Sigestap verlorn
« Von dem videlaere vil schiere daz leben:
« er begunde im sîner künste al solchen teil dâ geben,
« daz er von sînem swerte muose ligen tôt«. 2221,4—2222,3.

Betrachten wir nunmehr die Belege zu der bereits
erwähnten Thatsache, dass eine grosse Anzahl von Liedern —
sie gehören meistens zur Gattung des Minne- oder Meistergesanges, also in eine etwas spätere Zeit als die eben angeführten Stellen — entweder ganz in der monologischen
oder dialogischen Form des Streitgedichtes gehalten sind,
oder doch in ihrem Inhalte zahlreiche Anspielungen auf das
Kampfwesen, sei es auf gerichtlichen Zweikampf oder
auf ritterliches Kampfspiel aufweisen und manche
sprachliche Ausdrücke, welche sich auf das
Fechterwesen, die Fechtschulen oder ihre Gebräuche und Sprache beziehen, in deutlicher und
absichtlicher Verwendung zeigen. Die erstere Eigen-
tümlichkeit findet sich naturgemäss mehr bei den Erzeugnissen des Minnesanges, denn diese standen dem
Rittertum am nächsten, die letztere mehr bei denjenigen

des Meistergesanges, der mit den Fechtschulen enge
Fühlung unterhielt, vertreten, wie es auch die folgenden
Zeugnisse erkennen lassen.

Ich gebe zunächst die Stellen für die Anspielungen der
erstgenannten Art:

Hêr Hûc von Werbenwâc singt (vgl. Bartsch, Deutsche
Lederdichter des 12. bis 14. Jahrhunderts, Leipzig 1864,
pag. 197).

XLIX, 28—35:

«lât der künic daz ungerihtet, sô hab ich zem kaiser muot.
«Sô fürht ich wir müezen beide
«kempfen, sowie wir für gerihte komen,
«Wan si lougent bî dem eide
«daz si mînen dienest habe genomen.
«Muoz ich danne vehten, dast ein nôt,
«kûme ich slüege ir wengel und ir munt sô rôt:
«so ist ouch laster, sleht ein wîp mich âne wer in kampfe
tôt!»

Ebenso klagt auch Winlî (vgl. Bartsch, Die Schweizer
Minnesänger, Frauenfeld 1886, pag. 152).

XV, I, 41—50:

«Nimt daz niht ein ende,
«daz kostet ein sterben
«mich vil senden man: dar zuo bin ich gestalt.
«solken schaden wende,
«niht lâz mich verderben
«minneclîchiu Minne: dû hâst ir gewalt.
«alder ich wil kempfen vor dem rîche
«mit ir sicherlîche,
«daz ich niht entwîche,
«ob ich lenger trüege die nôt manicvalt.»

Derselbe sagt (ebenda pag. 160), 8, 7—11 in der
Frauenstrophe eines Tageliedes:

«wie sol es iemer werden rât?
«dîn zuht, dîn manheit und dîn milte
«hât mich mit swerte und ouch mit sper
«ervohten under helme und under schilte
«mit heldes hant in liehter wât.»

Bei Frauenlob (vgl. Ed. Ettmüller, Leipzig 1843, pag. 108.
109. 114. 115) finden sich die Stellen:
Spruch Nr. 152, 17—19:
«des krieges bin ich unverzaget;
«ich viht, daz mir mîn gugele waget,
«schimpf unde spot, schilt unde sper hân ich ze kampfes
gaere.»
Spruch 154, 15—17:
«nu merket, wer
«diz drîvach sper
«nach welhet; wiltu leinen her?»
Spruch Nr. 163, 1:
«Künd ich in disem kriege nû geschaffen daz,» . . . .
Spruch Nr. 163, 11/12:
«. . . . . . . swâre einer hennen
«vuoz gibe ich niht umb iuwern kriec,» . . . .
Spruch Nr. 163, 14:
«verleitet iuch des krieges gabe,» . . . .
Spruch Nr. 163, 17:
«vüert in den kriec mit iu ze grabe,» . . . .
Spruch Nr. 164, 5/6:
«. . . . . zwâr ir sanges stange
«wirt gegen dir ze kampfe tragen, ê sî dîn guft verkrenket.»
Spruch Nr. 166, 7:
»Der kempfe wil ich aller sîn, dîn kunst muoz snaben;»
Spruch Nr. 166, 14—16:
«wol her, ich füere ir aller schilt!
«mîn sanc dir gilt
«gar unverzilt;»

Regenbogen (vgl. M. S. H. III, 345 a) fordert den Gegner
zum Wettstreit um den Kranz heraus:
«Umb singens willen heng ich ûss ein rosenkranz,
«die silben rîmen machen im die bletter ganz,
«wer singet wîse wort und auch der töene schanz,
«und mir den cranz gewinnet an, den meister wil ich kennen.»

Herman Damen (vgl. M. S. H. III, 165, b 4) singt:

«Stet ûf, lât mich in kreizes zil,
«ich wil mit lobe vehten
«die Brandenburger vürsten vür;
«wird' ich bestanden hie,
«So daz man mich vür komen wil
«mit lobe an den gerehten,
«so trit' ich vür der künste tür,
«nu müget ir merken, wie,
«Unde offen sie mit ringer hant,
«so grife ich, da mir ist bekant,
«ein swert von vollen komener snite;
«dar an so haet ein schirme schilt,
«der nie mit künste wart durchzilt;
«die zwo die trag' ich gegen dem strite,
«swa min lop sie vür vehten sol;
«schilt unde swert, der zwîer,
«der bruche ich, sam ich beste kan;
«ez tuot mir durch sie alle wol:
«ir itslich hat wol drîer
«vürsten tugent ze kleide an.»

Derselbe ebenda III, 168, b 8 und 9:

«Ein lop sol mir erklingen,
«ich wilz an die gernden bringen,
«ûf daz siez den besten singen,
«schone in den landen,
«In die hoehe, von der site,
«uz der enge, in die wite;
«swer mir diz lop wil ze strite
«tuon, der wirt bestanden.
«Swa ich wider lob ie streit,
«mit disem lobe ich sige vaht:
«her herzoge, sit gemeit,
«diz lop han ich an iuch gebraht.
«von Slesewik, vor schanden
«kunt ir iuch beschirmen schône;
«diz lob iuwer tugent ze lône
«sing' ich in disem niuwen dône:
«zuht habet ir in banden.»
«Lob den eren gernden jungen
«wirt gewebet unt gedrungen,

«mit der klinge von der zungen
«wirk' ich lobes bilde,» etc.

Im Lohengrin (Einleitung) heisst es v. 217—230:

«ich wolt ir aller sinnes wâc mit mîner kunst erschepfen.
«ich sach doch einen sigelôs,
«der den pukelaere vür den schilt erkôs,
«swie daz sîn swert sô hôhe kunde kepfen.
«Heinrîch von Ofterdingen hât
«den schilt an mir. swer nû mit pukelaeren stât,
«daz er im wol ein schanze übersaehe.
«der Schrîber und der Biterolf
«die saehen lieber bî in einen wilden wolf.
«sô ist der Walther in der selben spaehe.
«Wolfram von Eschenbach der ist ir pukelaere.
«der schirmet wol vür swertes snit:
«sô kan ich kunst, dâ varent riutelinge mit,
«und ist ir smalez schirmen in ze swaere.»

Und ebenda v. 271—277:

«Swer wirfet riutelinge scharf
«ûz künste schilte, sam der Clingzor zuo mir warf,
«und ich des ungeschrôten von im blîbe,
«sô daz mîn sin im kreize stât,
«mîn ûf geworfen kunst mit suoche gein im gât.
«ob ich in einen vuoz dan hinder trîbe,
«swie daz von leien munt geschiht, des hât ein pfaffe schande.»

Aus dem Streitgedichte des Wartburgkrieges (vgl.
M. S. H. II, 3 ff. und Simrock, Der Wartburgkrieg, I. Teil,
das Streitgedicht [Nr. 1—24], pag. 2 ff.) kommen noch
folgende Stellen in Betracht:

«Der meister gât in kreizes zil,
«gen alle singern, die nu leben, er ûf geworfen hat,
«benennet er si wenig oder vil,
«reht als ein kempfe er stât.
«Nu hoeret, wie er des kampfes kan gen allen meistern
pflegen:»
«Nu heb' ich's hie mit schirme slegen,» . . . .
«swer hie enphahet sigelosen teil,» . . . .
«ich tugenthafter schrîber trit' im zuo mit kampfes (Var.
sanges) gir.»
«Mit sange sôst ir vrâge scharf,» . . . .

8*

«daz nieman gegen in mege.»
«Wâ nu griezwarten? kampf ist komen:
«ich bin des kempfe ûz Osterrîch, unt kan die wider-
slege;»
«Nu wirt gesungen âne vride,» ....
«alrêrst so heb' ich an,» ....
«Reinmar von Zweter, sît ich dîn bedarf,
«hoer' zuo nâch triuwen site;
«von Eschenbach der wîse sol der ander kieser wesen:
«sô sint wir beidenthalben wol gewaltes von in vrî.
«daz rehte helfe mir genesen:»
«her fürste, heizt sie kiesen ûf ir eit:»
«ir mugt mîn meister niht gesîn als iuwer munt verjach.
«Reinmar von Zwêter sî dar zuo benant
«und der von Eschenbach,
«Her Walther, den ich gêren sach» ...,
«Her Ferramêr, sit wille komen!
«jo dringet mich diu heidenschaft mit maniger krîe dôn
«noch hiute wirt ein sturm von mir vernomen,
«daz der von Naribon
«gewalteklîcher nie gehielt,
«do er der heiden vil verschriet, als im diu menge jach;»

Nunmehr einige Belege, welche der Periode des Meistergesanges entstammen; doch zeigen sich auch in diesen
noch manche Anklänge an das ritterliche Turnierwesen
— so gleich in unseren ersten Beispielen — neben den
übrigen Darstellungsformen, die Beziehungen hauptsächlich
mit dem Fechterwesen und dessen Kunstausdrücken aufweisen. Die Grenzen zwischen den Zeugnissen der einen
und anderen Art lassen sich darum nicht sehr scharf ziehen,
haben wir ja doch auch gerade in dem Streitgedichte des
Wartburgkrieges die verschiedensten Bilder, teils dem Gottesurteil und gerichtlichen Zweikampf, teils dem ritterlichen
Waffenspiel und Turnier, ja schliesslich auch dem eigentlichen Streite des Kriegszuges entnommen und mit einander
vermengt gefunden. So lassen zwei Gedichte aus der Sammlung der Meisterlieder der Colmarer Handschrift (vgl. Ausgabe von Bartsch, Bibl. d. Stuttg. litt. Vereins, 1862, Bd. 68,
pag. 352 ff. und 504/5) noch ausschliesslich die Verwendung

ritterlicher Anschauungen erkennen, wovon das eine völlig
die Form eines Streitgespräches zeigt, das andere eine
Herausforderung zum gesanglichen Wettstreit dar-
stellt. Ich gebe vom ersten die bezeichnendsten Stellen,
das zweite vollständig hier wieder als Einleitung zu den
übrigen Belegen.

Nr. LXI, Der kriec von Wirzburc. Enthält folgende
Stellen:

«Ich hân ervarn vil manic lant al umb den Rîn:
«nu hoere ich sagn wie hie die besten singer sîn.
«find ich ir einen, der lâz an mir werden schîn
«mit gesanc sîn hoechste kunst: lâ sehen, mag ich ge-
                                                        lîchen.
«Hât er die kunst, lâ hoeren wer der beste sî,
«ob ich im mit gesange müge komen bî.
«stân ich im abe, sô mag er gar wol sprechen phî;
«sô wirt im daz lop gegeben und muoz ich im entwîchen.
«Nu wol an daz got unser müeze walten.» v. 14—22.
«lâ sehen ob ein frömder gast den prîs hie müge behalten.» v. 26.
«Durch mînes liebes willen wil ich heben an,
«durch mînes liebes willen wil ich frô bestân,
«durch mînes liebes willen, wer nimt sich singens an?
«durch mînes liebes willen sî ein kreuzel ûz gehangen.
«Ist ieman hie der mir daz abe genemen tar,
«der wirt von mir bestanden, sage ich iuch für wâr.
«ir merker, merkent alle glîch an diser schar,
«ich halte tretzeclîchen hie ûf minem ros ze brangen.
«Die juncfroun hânt mir mînen helm verbunden,
«mîn sper hân ich geneiget über schiltes rant.
«nu dar, lâ sehen ob mir ein singer werde bekant
«den sînes herzen frowe habe ze mir gesant:
«er wirt von mir bestanden hie, sag ich in kurzen stunden».
                                                        v. 27—39.
«Nu hoer ich wol, man wil gesanges gein mir phlegen.
«ir merker, merkent, sanges hân ich mich erwegen.
«mich heischet ûz gar üppeclîch ein stolzer degen.
«er hât verbunden sînen helm und neigt sîn sper mit schalle.
«Nu sîn wir al durch kurzewîle her bekomen:
«wir sullen froelîch sîn, daz mag uns wol gefromen,
«mit hübschen zühten, aller kriec sî ûz genomen.
«wir singen gein ein ander hie, lâ sehen wer dâ valle!

«Kanstu gesanc und rehte kunst bewîsen,
«wir sullen gein ein ander ziehen ûf daz wal.
«bistuz her Gâwîn, so bin ichz her Parzifâl.
«lâ sehen wer under uns ersinge hie den Grâl,
«und wer mit kunst behalte hie daz in die merker prîsen».
                                              v. 40—52.

«Wir sullen kurzewîln und sullen froelîch sîn.
«durch kurzewîle wel wir ziehen an den Rîn
«ze liebe und dienst der ûzerwelten frouwen mîn
«die mich sô friuntlîch singen bat durch aller frouwen
                                    güete». v. 53—56.
«Ich wil ir gern mit mîm gesanc hofieren,
«durch iren willen ziehen frîlîch in den rinc.
«halt ûz, lâz varn, ez komt ein stolzer jungelinc.
«swer mit mir singen welle, der heb ûf und dring,
«und singt er mir ein niuwez liet, ich danke es im vil schiere».
                                              v. 61—65.

«Ich Frouwenlop, durch frouwen êre kom ich her.
«swer singen wil, ich füer ein schilt und ouch ein sper.
«durch frouwen êre var ich in dem lande entwer:
«swâ man ir wirde erstrîten sol, dâ bin ich ie der eine.
«durch frouwen êre halt ich hie ûf dieser ban,
«durch frouwen êre lege ich mîne wâfen an,
«durch frouwen êre hân ich ie daz beste getân,
«durch frouwen êr bind ich den helm: in triuwen ich sie meine.
«Ir edel kiusche füer ich an mîm schilde,
«ir reinikeit füer ich an mînem wâpen hin.
«halt ûz, lâz varn durch willen schoener frouwen fîn.
«nu dar, lâ sehen, wer wil der ander kempfe sîn?
«die frouwen hânt ie guot getân, sie sint an tugenden milde». v. 66—78.
«Ich Regenboge wil hie der ander kempfe wesen:
«und wil ez got, sô trüwe ich vor iuch wol genesen. v. 79/80.
«Ez ist umb sus daz wir hie wider ein ander streben,»..... v. 83.
«Ich Frouwenlop, in frouwen êre ich wil bestân.» v. 92.
«erst saelic der den frouwen hie daz beste tuot.» v. 102.
«Ich Regenboge, mins krieges ich niht abe lân.» v. 157.
«Ir Frouwenlop, vom kriege sult ir wenden.» v. 165.
«Her Regenboge, ir grîft in hôher sinne kür
«und ziehent mir gar frömde meisterschaft her für.
« ob ich den werden frowen ir hôhez lop verlür,
«ê wolt ich singen ûf einn kriec widr aller meister munde.»
                                              v. 222—225.
«Her Frouwenlop, ir müezet lâzen mir den prîs,»..... v. 235.

«daz sprich ich wol und wilz beswern ûf mînen eit,» ...... v. 244.
«her Frouwenlop, ich wilz beweren und ist ouch wâr:» v. 272.

No. CXXXIII. Ein fürwurf im Brennenberger:

1. «Nu binde ich ûf: ist ieman hie der rîten sol
   «ûf glênten rossen und sîm liep ein niuwez sper wil
                                                    brechen
   «In swinder just, mit dem sô waer mir alsô wol.
   «ûf der wale sol sich nieman mit keinem alten rechen.
   «Gein dem sô füer ich mînen van,
   «der under sol wir einz verjagen hie mit cluogen worten
   «und stapfen ûf gesanges ban,
   «daz man von uns hie müge gesagen wol an allen orten.
   «er füer ein wâfen daz von reht sprech ,nim in dan'.
   «ûf glênten rossen rîtet manic biderman.
   «geswinder juste er mich ûf dem ringe gewer.
   «sî im ouch kunt umb niwe getiht, der sol ouch gein
                                          mir treten her.» v. 1—12.
2. «Saeh ich den an den schoener frouwen tugent jeit
   «und iren minniclîchen gruoz gewinn mit hübeschen sitten!
   «Diu zarte hât mich tugentlîchen an geleit
   «selber mit irer wizen hant und macht mich wol geritten.
   «Mir lêch ein ros diu tugentrîch.
   «sie sprach, ,wiltu ze schimpfe varn, sô muost dich
                                          selber decken.
   «ich wilz verdienen umbe dich:
   «des muotes solt niht wesen arn und lâz dich niht erschrecken'.
   «des was ich frô, ich sluocz ir in ir wîze hant
   «und sprach alsô, mîn staete triwe sî dir ein pfant:
   «dîn ros ich cleide undr einer decke, diu ist ganz:
   «swâ man sie für den frouwen füert, dâ muoz sie geben rîchen
                                          glanz'.» v. 13—24.
3. «Frouwen hânt mîn ros bedecket undr ir zuht:
   «wer gesach ie kein rîcher decke ûf gesanges juste?
   «Möht ich geloben wol die hôchgelopten fruht,
   «der frouwen tihten lop und êr, wie wol mich des geluste!
   «Ûf frouwen trôst ich ûz gereit,
   «al mit gesange ûf den ring sô wil ich mich bereiten.
   «wizzent, ir lop ich nie vermeit,
   «sie biten got daz mir geling, ich var in irm geleite.
   «der frouwen êre füere ich gerne an mînem schilt
   «und lobe sie sêr swaz meister joch gein mir gezilt.

«al mit gesange sô wil ich ir kempfe sîn:
«swâ man kunst geprüeven kan, behalte ich wol den
satel mîn.» v. 25—36.

Sodann noch einige Einzelstellen, ebenfalls der Colmarer Handschrift der Meisterlieder entnommen; so heisst es z. B. 45, 19/20:

«ein schirmemeister schiere siht
«wâ man blôz wehselt oder niht.»

Ferner sind zu vergleichen die Nr. XLI—XLIII und LXXXIX (Bartsch, pag. 310—313, 421) mit folgenden Stellen:

«Du sagst mir vil von dînen schirmslegen,
«die kan ich dir geheben und gelegen,
«mit mîner künste buckeler wil ich die streiche enpfâhen.
«Laest du der künste swert her gein mir swingen,
»ich wîs dir abe mit mîner scharpfen clingen;
«doch râte ich dir in triuwen ganz, du solt dich niht vergâhen.» (XLI.)
«Ich füere ein swert, daz sol mir nieman strâfen,
«daz ist genant und heizt der künste wâfen,
«ez ist ze allen orten ganz, in rehter lenge gemezzen.
«Dâ mite wil ich der künste barant houwen.
«ist iemen hie der daz well ane schouwen,
«der vindet des sîn herze begert, ich wil sîn niht vergezzen,,......
....«sô gibe ich im der künste swert in sîne hant,»..... (XLII.)
....«ir künnent vil der schirmeslege, die wil ich under-
brechen.
«Dar umb sô kum ich her an disen anger,
«in iuwer künste schuole, und beit niht langer.
«wer rüert mir an daz crenzelîn? daz wil ich an im rechen.
«Ich hoer von iu, ir künnen vil,
«des manger niht gelouben wil
«an iuwer künste wâfen.»........... (XLIII.)
.......«sô wolt ichz herschelîchen wâgen
«und zerbrechen der künste swert (Variante: d. künste sper)
«Al durch den liebsten buolen mîn.».......(LXXXIX.)

Es mögen noch weitere Zeugnisse aus den «Meistergesängen des XV. Jahrhunderts», wiedergegeben von A. Holtzmann (vgl. Pfeiffer's Germania, Bd. III [1858], pag. 310ff.), hier beigefügt werden, zunächst wiederum ein zusammenhängendes Stück, das zahlreiche Ausdrücke, wie sie in den Fechtschulen üblich waren, enthält, sodann einzelne kleinere Stellen mit ebensolchen oder ähnlichen Wendungen.

Fol. 52. in dem langen Marner Don:

1. «Da ich was jung und darzuo clain, da facht mich singen an.
«da lernet ichs on alles nain, das ich doch sein ein wenig kan.
»wa man ficht mit meistergesang,
«maines schulrecht ich mich nicht schem
«In meiner mas so fircht ich kain, den oberha(w) ich han,
«mit gutem gsang as ich es main, damit wer ich mich genn aim man.
«versetze kan ich kurz und lang
«darmit ich aim sein schlege dem.
«Ob mir dann ainer kom so nach, das er mich ubertrung
«aus seinen schlegen hinder mich so tet ich ainen sprung,
«ja ich sam mich nit lang,
«das er mir hart entweiche mag, wie bald ich wider auf in gang,
«mit schlegen die seind meisterlich als ich geleret han,
«ich sich in an, gar freliche den selben man,
«so tratzigclich ich vor im stan,
«ich lig im wechsel wen ich wil, das er mir hart entweiche kan.
«mein aufstreiche das tut im zwang.
«darmit ich mange wilde zem».
2. «Ich bin ain singer das ist war, ich han es oft bewert.
«ich vicht wol ainem maister vor, wo er auch eines knechts begert.
«und kum er mit mir auf ain schul'
«mit gsang so wolt wir wol beston.
«Etlicher spricht, ich sey ain tor, wie ich sing heur als vert,
«mein rure die gand nit enbor, die ich schlag mit gesanges schwert.
«setz sich der maister auf ain stul,
«drey geng mag ich wol fur in ton.
«Ob sich da ainer hinne wer, der maint ich het nit kunst,
«der selbig nim sein schwert und hebs gen mir mit gunst,
«das mein heb ich auch auf.
«mir welle abenteure hie; geselle mein, schlag frelich trauf
«hie mit gesang gar maisterlich, doch das es nit we tut,
«on arge mut, die selbig schleg sind also gut,

«sy machen weder wund noch plut.

«da tarf es wol sin und vernunft, das er sich selber hab
                                                in hut.

«ob im sein schwert auf mich enpful,

«sein tet da spotte jederman».

3. «Manger verachtet ainen man, wan er in erst ansicht.

«er waist nit was er inne kan. das selbig mir auch oft
                                                beschicht.

«mein schwert han ich auf in gewetzt,

«nun shawe zu, arm und reich.

«Mich dunckt ainer well mich bestan. das acht ich sicher
                                                nicht.

«mein schwert das hat mich nie verlan, das ist mein
                                        zung in maisterticht.

«sy habe mich kain halb geletzt,

«und die sich mir schatzten geleich.

«In den vier weren bin ich gut, und die ich da bestim

«singt er von got, die were ich auch zu mir nim.

«singt er von ainer rainen mait,

«und die da wont im höchste tron, ir hilf kaim sinder nit versait,

«die die die ist auch wol mein fug, ich wil mit ir hinschern.

«singt er dan gern, wie an dem himel stand die stern,

«das selbig las er mich auch hern.

«ob er uns singt von der kretaur, das mag ich in auch wol gewern.

«heb auf, ich hab nider gesetzt.

«mit gsanges schwert ich von mir streich». (Germania III.
                                        pag. 319/20.)

«Hie heb' ich an ich Michel Behamere und tiht in meinem
                                        langen dan». (p. 310.)

«waz uffeinander swinget,

«daz es mit reimen widerclinget,

«lobt man für daz daz sich verborgenlichen zwinget». (310).

Pag. 311 ist von einem Liede die Bezeichnung «in der Slagweis»
        gebraucht.

« . . . . . ob es dir eben sei,

«so trit den rei! herbei. wann ich dir nit wil weichen». (311).

«er let auf sich der kunsten berck; sein kempfen und sein streitten

«im selb nit hailes gan»...... (315).

«der trit wol an der meister tanz, da man die singer
                                        breiset». (316).

«Ain kranz von rotten rosen schien,

«gebunden fein mit seide grien,

«wer mir den abgewinnen kan, des lob des wil ich zieren

«Mit worten gut an manger stat»,...(316).

«Ich nim ze hilf ain raine mait und mis die höch die tief
die weit die breit,

«so mag mir meinen helm auch kainr verseren.

«Nu hert warumb gieng ich ze schul, das ich wolt sechen wie
man hielt der maister stul,» (317).

«Nun wel ich geren ru han, so her ich wol, mich muttet ainer
singens an,

«mit seinem gsang wil er mich hie vertreibe» (318).

«dein sin sind dir verhawen,....

«Des halt ich hie gar drutzikleich gein dir auf diser pan.

«und must auch mir gar lästerlich entweichen.» (322).

«.....hüt dich, ich wil dich rüren,

«und dein geschrey mach ich dir hie ze nichte.» (322.)

«.....dazu bey deinen tagen

«pist gewesen ane wer

«pey hübschen gesang so kluge.».... (322).

«Ach heri got ich hab gesungen also lange,

«ich pin warn schwach und beger der stangen,

«denn mein geleichen thun ich hie finden.

«In seinen künsten ist er also veste,.....

«er lebt nit zwar der in nit mug verdringen.» (322).

«Ich hab...vor manchem klugen singer woll bestanden,

«so kumet ainer und will mich hie verdreiben.» (322).

«wol her an mich, wir weln uns pas versuchen.» (323).

«..... ich sing dich dem wirt wol unter die pank.» (323).

«so dret er frölich auf den plan»,.... (323).

«Wolan der singen wölle,....

«der las hören sein geschelle herestreichen in disen rink,

«es wird gemessen wol.» (323).

«so bleibt ir lob von mir schon unverhawen.» (324).

«ich wil in schanden noch nit von im weichen.» (324).

«Ist imandt hie der mit mir singen welle,».... (325).

«.....das ist beruren den grunt.

«wol der mir mit seim gesang wil nahen, ich wil in schon
enpfahen.» (325).

«Ich wil gar frelich heben an mit meiner kunst auf diser
pan.» (326).

2 Gesänge Michel Beheims Cod. 312, Fol. 44 sind
überschrieben:

«Wie ein Singer den Andern vordert.» und:

«Dis ist ein Antwort so ein Singer den Andern mit Singen vordert.»

«Mit dem wil ich

‹nach huld und gunst uf diser wal
›hie singen lüstiglich.
‹Ist hie kein man der singen kann der sol her eilen
‹uff schnellem just nach herzenlust well wir kürzweilen.
‹Wol zu her schir
‹uf diser ban, ich bin gerust
‹heb an und antwürt mir.› (327).
‹gut gesell wol her, du bist mir mer, und kumst mir eben.
‹Ich aht ein cleins, daz wir hie eins umbs ander geben...
‹..... Dis leg wir hin
‹und heben an, und loben got
‹und auch die muter sein.› (328).
‹Ein meister der gesanges schul wil halten
‹und der sol haben schuler jung mit alten
‹so mag er wol gesanges fan ufstecken.› (Germania V. pag. 211.)

Sodann noch einige Liederanfänge aus der Wiltener Meistersängerhandschrift (herausgenommen aus der Besprechung derselben von Dr. J. Zingerle. Wien 1861. Sitz.-Ber. Bd. 37. H. 4.), welche eine ähnliche Behandlung ihres Stoffes nach den früher erwähnten Gesichtspunkten vermuten lassen.

‹Ich Regenpogen ich wil der annder kempfer wesen.› 69. a. (pag. 401.)
‹Wie hör ich wol, man wil gesanges mit mir pflegen.› 68 b. (397.)
‹Stadeckh vnd in turney›..... 101 a. (397.)
‹Ist yemand hie der singen well.› 18 b. (399.)
‹Dw sprichst dw seyst ain maister hie.› 28 b. (402.)
‹Wer kemphen well in ainem ringe.› 156 b. (403.)

Im Anschlusse daran mögen noch eine Anzahl von Stellen aus der Litteratur der betreffenden Zeit Platz finden, welche teils weitere Ausdrücke aus dem Fechtschulwesen aufweisen, teils absichtliche oder auch unbewusste Anspielungen auf diese Verhältnisse enthalten. So haben wir z. B. im Liederbuch der Clara Hätzlerin (Ed. Haltaus, Leipzig 1840.) folgende Wendungen vertreten:

‹Geschicht das in der schirmer weis?› II, 72, 145.
‹Der raicht Jm ainen spiesz,
‹Er focht als ain zornig fyesz
‹Vnd wundet siben vf den tod.› II, 67, 369—371.
‹und sol der krieg noch lenger weren,

«so werden zwar die stangen geren
«Die stat an allen ennden.» I, 29, 103—105.
«Nun beger ich recht der stang
«Sein frümmkait hat mir angesigt.» II, 3, 174/5.
«Sy sprach: hör uff, ich ger der stangen,
«Dir wirt, das chainer möcht erlangen.
«Deine wort hand mich durchwaicht,
«Deine zung hat so süss geschmaicht
«Mit worten hübsch und suptil,
«Das ich mich dir ergeben wil,» etc. II, 76, 69—74.
«Komm ich Jm an die stangen,
«Den palg hab ich verlorn!» I, 21, 19/20.
«Ain stuck das haiszt die Eysenpfort,
«Darusz vicht man ymm schranck;
«Ich sorg, dein perswert sey ze krank,
«Es präch, so es amm pesten sey.
«Ich sprach: der kunst bin ich frey,
«Man lerts mich nach den newen sitten.» II, 72, 148—153.
«Wie wol ich lang geuochten hab,
«So ist mein perswert nit entzway.
«Sy sprach: entraun, das wär der May!
«Ist dir dein perswert pliben gantz,
«Du hast geuochten manigen rantz,
«Das es pillich verschlissen wär.
«Die siben hew sind dir ze swär,
«Vermagst du drey, das tuo mir kunt.» II, 72, 166—173.
«ich wolt mit ir nicht rangen, ob sy mich lieblich überrung;
«czwar ich begert der stangen:
«wann mir gepeüt die lieb, dy rain.» Hoffmann's Fundgr. I, 336,
    33—35.
Ende si mijn schermschilt moet sijn».... Altd. Blätter II, 270.
«es dröut mit worten manig man,
«der doch wêning schirmen kan.» Boner's Edelstein, Fab. XXIX,
    23/24.
«und fechten gleich alsz hetten sie schon den himel er-
    «stritten, waz aber ihre lame schirmstreiche sein, be-
    «weisen jre früchte.» Amandus wye eyn geistl. ritter streytten
    soll.
«denn wenn sy (die weiber) mit dem schirmstreich kummen,
«so heisst's den gouch vom nest genummen.» Murner, Gäuchmatt,
    vgl. Kloster 8, 955.
«sobald sy kummendt mit den schirmstreichen.» Ebenda
    Kloster 8, 958.

«ein weisz mann soll gerüstet sein
«wie ein kempffer, welcher allein
«gerüstet steht auff dem kampffplatz
«mit harnisch und schwerd zu dem hatz,
«das er die schirmenstreich auff fach
«einem jeden der auff in schlach.» H. Sachs (1570), 2, 2, 85a.
«ein schirmer und ein vorvehter des volkes.» Griesh. Pred. 2, 21.
«mit worten treib er sein parat.» Kalenberger 1557.
«der monnich auf die canzel trat
«und macht sein gleissnerisch parat.» H. Sachs (1560), 4, 3, 83.
«nu kument schelten trüllen triegen
«effen gumpeln unde liegen
«mit pârât, als ein gumpelman,
«der niwan leicherîe kan.» Jüngling, v. 997—1000.
«wenn er ein parat machet mit seinem .... schwert.»
                         D. Städtechron. 10, 166, 8.
«mit schirmen wer ich wol so glenk,
«das ich ein parat hin verhieb,
«das kein kandel am kandelpret plieb.»   Keller's Fastnacht-
                                 spiele 252, 17—19.
«Mein schirmschleg die haben kraft.
«Darumb mich niemant tar bestan.
«Ich wolt euch gern ein barat sehen lan,
«so hab ich übergriffen mein hant,
«Do ich heut an wolt legen mein gewant,
«Das ich es iezund nit volbringen mag,
«Ich wolt denn peiten acht tag.» Ebenda 363, 14—20.
«nun aber zuo disem meinem schuolrecht hab ich euch für
     «mein aufheben zum richter und grieszwertel erwelt.»
                         Frank, Sprichw. Vorr. 4a.
«ein aufheben thuon oder das erst schuolrecht thuon.»
                         Ebenda 1, 1b.
«man tregt ihn zwei fechtschwerder entgegen, Bechting
     «nimmt eins, macht ein aufhebents, gibt dem jungen
     «auch eins, thun ein gang zusammen.» Ayrer 201d.
«und wider zu seiner kreuzstangen, mit der macht er ein
     «aufhebens und satzt sich wider zu pferd.»
                         Fischart's Garg. 253a.

   Stieler 806 sagt: «in arte pugillatoria est colli-
gere arma cum ceremoniis quibusdam, quod dicunt,
ein aufhebens machen.» Grimm's DWB. I, 667/8 gibt
unter ‚Aufheben' 4) «aufheben, praeludium, ein Fechter-

ausdruck, das Gefecht begann mit Vorspiel», und
ebenda 653 erklärte es ‚Aufgehebe' als «Aufheben der
Schwerter, Beginn der Fechterstreiche bei den
Klopffechtern». So sagt z. B. Logau, der seine Bilder
öfters diesem Gebiete entnimmt:

«was man auch der Gicht immer Schuld gleich gebe,
«ist sie fechtrisch doch, macht manch Aufgehebe.» 3, 7, 23/4.

Diesem Begriffe entspricht bei den Meistersingern der
des Schulrechtes, von dem an verschiedenen Orten bei
diesen die Rede ist; so heisst es z. B. in F. 206: «Welcher
«um die Kron und Gelt singen will, der thue vorhin ein
Schulrecht», und in der Colmarer Schulordnung (vgl.
Alsatia 1873/4, pag. 106) «.... von jedem singer ein
schuolrecht». Vgl. Plate, Kunstausdrücke der Meistersinger, Strassburger Studien, Bd. III, pag. 167, der ebenda
pag. 165, 182 auch noch auf einige andere Parallelaus-
drücke hinweist.

«dorumb müszen wir tun ein genglein,
«und triff ich dich mit meinem stenglein» ....
                                        Fastn. Sp. 855, 10/11.
»so fechtend wir usz fryem muot
«ein gengly zwei dry mit dem schwert.» Trag. Joh. Q. 7.
«ein genglein will ich wagen
«von wegen aller frauen,
«kumm her, ich will dir zwagen!» Ayrer, Singsp. 167a.
«der Teutsche weicht um was, verführt den Fechtgesellen
    «zum fehlhiew.» Rompler 105.
«blinde schirmstreich fechten.» Bienenkorb 158a.
«da er nun fast hett umbgeschwermt,
«und für den blinden gnug geschermt.» Waldis 3, 100.
«das parat uud beraitschlag.» Fischart, Garg. 17a, vergl. 188a
    «paratschwert».
«den Hildebrandsstreich siben klafter in die erd, des Ecken
    «eckhaw, des Laurins zwerkzug, Fasolts blindhaw.»
                                        Fisch. Garg. 188b.
«wie ein gut fechtschwert aus des unerfahrnen henden, so
    «das schwert nicht kan brauchen.» Paracelsus 1, 331b.
«mit demütiger bitte, diese abenteuerliche fechtschul einzu-
    «stellen.» Simpl. Courage c. 7.

«es stinkt in der fechtschule» sprichwörtlich für: «es steckt
«etwas Übles dahinter, die Sache geht schief.» Simrock 2316.
(vgl. Schmeller B. W. 1, 509.)

«praeambl oder praeludium, das vorfechten, versuchstuck.»
Roth. Dict. (1571), M. 8b.

«wenn die fechter ein preambl machen, darein sie alle
«spüng und kunststuck bringen, das heisst man ein
«parat.» Roth, Dict. M. 1b.

Nach Grimm's DWB. VII, 2041 wird der Ausdruck ‚Präambel' auch im übertragenen Sinne vom Wortgefechte gebraucht,
wie aus der daselbst angeführten Stelle: «ein kleiner
scharmützel, praeambel und praeludium.» G. Nigri-
nus, Beschlag Q. 2a hervorgeht. Dazu ist bei Grimm
DWB. VII, 2113 «Priamel, entstellt aus Präambel» zu vergleichen mit seinen beiden Bedeutungen: 1) das Vorspiel
auf einem Tongerät, das Praeludium. 2) ein kurzes volks-
mässiges Spruchgedicht, in welchem mehrere gleichartige
oder contrastierende Sätze auf eine bestimmte Spitze einer
Betrachtung hinauslaufen, sie gleichsam vorbereiten und
das Vorspiel dazu bilden. Besonders wichtig für uns als
Beleg der ersten Erklärung ist aber die dort angezogene
Stelle aus Mone's Anz. f. Kunde d. d. Vorzeit, 1838, Bd. 7,
sp. 429: «Ain haerpfer oder spilman hat vier aygenschaft,
«des ersten macht er ain preambel oder vorlauf,
«das er die lewt im auf ze merchen bewege, dar-
«nach macht er guet underschidlich tact und mensur, das
«er die vor bewegten frölich und unverdrossen mache, dar-
«nach begert er gabe, die würt jm gewondlich, alz er gutes
«oder arges gemacht hat, darnach wehelt er die gab.»
(Wiener Hs. Jur. civil. Nr. 244, bl. 162.)

Mit der Betrachtung der zuletzt angeführten litterarischen
Zeugnisse für verschiedene der Fechtersprache angehörige
Ausdrucksweisen sind wir so ganz von selbst hinübergeleitet worden zu dem letzten Punkte, mit dem ich mich
hier noch etwas eingehender zu befassen habe, zu dem
sprachlichen Parallelismus, der zwischen dem Fechter-
tum und dem Spielmannswesen besteht, und dessen

letzte, wenn auch oft kaum mehr bemerkte oder verstandene Spuren sich in vereinzelten, meistens volkstümlichen Sprachwendungen bis auf unsere heutigen Tage erhalten haben. Gleich im Anschlusse an die zuletzt aufgezeigte Gemeinsamkeit des Wortes Präambel oder Priamel, das im einen Falle den fechterischen «vorlauf», im andern das spielmännische «vorspil» bezeichnete, will ich noch auf den ursqrünglich der kriegerischen Sprache angehörigen, dann von dieser auf das dichterische Gebiet übertragenen Ausdruck «Schwank» hinweisen, der als mhd. «swanc» noch ‚Schwertstreich, Fechterhieb' bedeutet und erst allmälig die weitere Bedeutung von «lustiger Streich, komische Erzählung, Posse und possenhaftes Schauspiel» angenommen hat. Ganz abgesehen von all den kleinen einzelnen Beziehungen, die sich notwendig und einleuchtend ergeben, sobald man die litterarischen Überlieferungen der Fechter und der Meistersinger zusammen ins Auge fasst, mögen hier speciell nur noch einige der augenfälligsten allgemeineren Zusammenhänge zwischen beiden erwähnt werden; von diesen aus soll dann noch ein kurzer Blick auf die bereits erinnerten sprachlichen Reste derselben geworfen werden. So lassen sich Ausdrücke wie «Fechtschule und Singschule, Meisterfechter und Meistersinger, Fechtmeister, Schirmmeister und Singermeister, Parliet, Bar mit Paratswert, Parade u. s. w. ohne weiteres in Parallele setzen. Ausserdem finden sich eine ganze Reihe von Ausdrücken, die auf den beiden Gebieten entweder das völlig Entsprechende oder wenigstens ganz etwas Ähnliches an Ämtern, Verrichtungen und Gebräuchen bezeichnen. So die Bezeichnungen: «Schulhalter, Schulrecht, Geselle, Befreiung, Schulzettel», ferner: «Schule halten, Schulrecht tun, das Beste tun, anheben, angeloben, approbieren, befreien etc. Beiderseits haben wir die Sitte des «Prüfens» und «Bewährens» der Jungen durch die Alten auf Grund eines «Meisterstückes in Lied oder Hieb», ehe dieselben

9

die «Meisterschaft» in ihrer Kunst und die mit dieser
verbundenen Rechte zugesprochen erhalten und damit
selbst als Leiter oder Inhaber von Singschulen oder
Fechtschulen und als Lehrmeister für jüngere
Kunstfreunde auftreten können. Beiderseits finden wir den
Wettstreit der Einzelnen um den ehrenden Kranz oder
eine oft wohl noch willkommenere Geldspende sich voll-
ziehen. Beide Schulen finden sich in einer Anzahl gleicher
Städte, durch das gleiche Handwerk, besonders die Kürschner, vertreten, sie finden an den gleichen Orten und in
den gleichen Gebäulichkeiten, zu den gleichen Jahres-,
Wochen- und Tageszeiten, mit Vorliebe an hohen Festtagen
und bei Anlass grosser Festlichkeiten oder bei Anwesenheit
von hohen weltlichen und geistlichen Fürsten statt. Beide
Künste sind volkstümlich und beliebt, sie werden mit königlichen Privilegien und Rechten, mit Gaben und Wappen-
verleihungen ausgezeichnet. Beide haben ihre eigenen
Satzungen und Verordnungen, ihre eigene Sprache und Dichtung, eine eigene, zunftmässige Organisation; diese lassen
erkennen, dass Aufkommen, Blütezeit und Verfall bei beiden
ungefähr in den gleichen Zeiträumen sich vollzieht und dass
sie in der gleichen Abhängigkeit vom allgemeinen geschichtlichen Entwicklungsgange der Dinge stehen. Beide haben
endlich gleichartige Reste und Spuren in Sprache und Volks-
leben bis auf unsere Zeit hinterlassen — wie sie auch in
ihren letzten, heruntergekommenen Vertretern, den Typen
des fahrenden Volkes der Neuzeit, ein gemeinsames Wander-
und Gaunerleben führen — und beide sind vermöge ihres
ehrwürdigen Alters und ihrer langen Entwicklungsgeschichte
zu bedeutenden und wichtigen Bestandteilen im Leben des
deutschen Volkes und seiner Sprache geworden und darum
als ein nicht wertloser und zum Verständnisse der allgemeinen Geschichte menschlicher Cultur notwendiger Factor
zu betrachten. Für den allgemeinen grossen Zusammenhang
aller Vertreter dieser Stände und Berufsarten unter sich
mag auch noch der Umstand sprechen, dass wir nicht nur

in verschiedenen Ländern und Zeiten die gleichen Organisationen, sondern dafür meistens auch die gleichen Namen,
für deren Ämter die gleichen Titel antreffen. So haben
wir einerseits das «Pfeifferkönigtum», andererseits die
«Brüderschaften und Confréries», wir haben einen
«Pfeifferkönig, Spielleutekönig, Spilgraven», einen
«rex ministellorum», ,rex ribaldorum' (beim Heerwesen), einen roy des Menestrels', roy d'armes, roy
des heraults, prince du Puy etc., ähnlich wie im Städtewesen etwa einen Bettelvogt und Hurenweibel oder
bei den besonderen Schützern unterstellten Gewerben einen
Inhaber des Kesslerlehens, und bei den erhaltenen
Schwerttanzüberlieferungen ist auch einmal von einem
Schwertkönig die Rede; all dies mag wohl auf einen
inneren, weite Gebiete umfassenden Zusammenhang gleicher
Lebensanschauung und gleicher socialer Verhältnisse hin-
deuten, den ich mich freilich hier nur in grossen Umrissen
vorzuzeichnen begnügen muss.

Gehen wir nunmehr noch etwas auf die einzelnen,
gemeinsamen Spracherscheinungen bei den beiden
Ständen ein, so fällt uns bei den Spielleuten und fahrenden
Sängern schon sehr frühe, bei den Fechtern erst in späterer
Zeit, wohl im Zusammenhange mit eben dieser Gewohnheit der Handwerker und Gewerbetreibenden, der Gebrauch von gewissen Eigennamen auf, welche
dazu dienten, ihren Träger als Vertreter einer bestimmten
Kunst oder eines besonderen Standes kenntlich zu machen,
und seinen wahren Namen wohl meistens sehr rasch ver-
gessen liessen. So sind zunächst für die Sänger, Dichter,
Spielleute und Fahrenden etwa folgende Namen zu erwähnen, die alle irgend eine Beziehung auf ihre Kunst
oder ihren Stand erkennen lassen: Traugemund (nach
Wackernagel aus Dragoman (Turcomannus!) Dolmetscher
entstanden), Warmund, Irregang, Girregar, Frauenlob, Singuf (= sing' auf), Regenbogen (= Reg' den
Bogen zum Aufspielen eines Liedes), Suchensinn (Such' den

Sinn), Freidank, Rumzlant und Raumelant (= Räume
das Land, Vagabund, Landstreicher), Suochenwirt (= Such'
den Wirt), Suchentrunk (= Such' den Trunk), Suchen-
steig (= Such' den Steig), Schinttenwirt (= Schind'
den Wirt), Schantunnhazz (Schand und Hass) u. s. w.
Ähnliche Namen, bei welchen sich mehr oder weniger
ungesucht und deutlich eine Beziehung auf die Lebensweise ihrer Inhaber herauslesen lässt, finden sich nun
auch bei den Fechtern. So heisst der Genosse und Fechtmeister Gargantua's bei Fischart bald Kampfkeib oder
Kampfkieb, bald Keibkampf und in den von K. Wassmannsdorff publizierten Fechtschulbeschreibungen und
Fechtschulreimen (vgl. pag. 12—45) habe ich folgende
zu dieser Kategorie der wissenschaftlich als «Etiquetten-
namen» bezeichneten gehörige gefunden: Peter Schwenck
den Spiess, Haw in Schilt, Cuntz Greuwol, Wenden-
schimpf (= Wend' den Schimpf), Hans Eisenbeisser,
Augenstecher, Peter Schwenckschwert, Sigmundt
Faulbelz, Cunrad Fridweg, Georg Spiess, Jakob
Kreiser, Bartel Heldt, Colman Hacker. Solche Benennungen entsprechen den damaligen Zeitgebräuchen und
waren besonders bei den Zünften gebräuchlich, wie wir
etwa in Handwerksgesellengrüssen die Namen Springinsfeld, Springindschmitten, Silbernagel, Trifteisen,
Bschlagngaul, Sprengseisen z. B. für Schmiedegesellen
verwendet sehen. Auch bei den Gaunern und dem fahrenden
Volke, mit denen ja unsere Spielleute und Fechter oft in
Berührung kamen, waren solche Namengebungen, wie es
nach den litterarischen Belegen scheint, schon frühe in
Gebrauch und sie sind ja auch heutzutage in diesen Kreisen,
bei Bettlern und Diebsbanden etwa, noch üblich, worüber
die Gerichtsprotokolle verschiedener Orte und einige erhaltene Gaunerlisten Aufschluss geben können. Im «Renner»
Hugo's von Trimberg (vgl. Ausgabe des histor. Vereins von
Bamberg 1833, I. Heft pag. 26) findet sich eine ganze Liste
solcher Gaunernamen, die teilweise wohl auch dem wirk-

lichen Leben entnommen sind, wenn sie auch zum andern
Teil durch die lebhafte Erfindungsgabe des betreffenden
Dichters vervollständigt sein mögen; wir treffen da Namen
wie «Zerrezsloz, Lerenstal, Laibnith, Gebaurnveint, Galgen-
swengel, Lasterbalk, Rudenbengel, Vullensak, Abrust, Slint-
hart, Diepolt, Vullein, Rauvpolt, Steiguf, Landesmort, Buben-
strigel, Durchdenpusch, Zuckedenrigel, Raubentisch, Setzpfant,
Sleiffenspiez, Raumedazlant, Brantrifer, Ludeber, Vickel-
scherre, Vegenpeutel, Wolenber, Lerenschrein, Hebenstrit,
Rampus, Mitezze, Nagengast, Zuckezswert, Galgenast, Wider-
span, Stichenwirt» (vgl. v. 1710—1740). Dazu gehören
vielleicht auch Namenbildungen wie „ribald" aus altem regin-
bald (regin = ahd. wrecca, der Verbannte, dann der Recke,
Kämpfer, der Held und bald [vgl. engl. bold] kühn tapfer)
entstanden, wonach lat. ribaldus, fr. ribaut; ferner Namen
wie Reinhard aus Reginhard, fr. Renard, lat. Reginhardus,
und Reinmar (Reimer) aus Reginmâr u. a. dieser Art. Vergleicht man dazu noch die Bezeichnungen: Schlickenwider
(Schluck' den Widder) und Slintsgew (vgl. Helmbrecht
v. 1180. 1239), den Räubernamen Schendeslant und die
Riesennamen Fellnwald, Fellnast (Fäll' den Wald, Ast) [vgl.
Anzeiger 1834, sp. 13. 84], ferner die in Berthold's
Predigten (Ed. Pfeiffer, Wien 1862, pag. 56) den Spielleuten
beigelegten Namen Lasterbalc, Schandolf, Hagedorn, Helle-
fiwer, Hagelstein und endlich noch einige unserer neueren
Bezeichnungen wie Galgenvogel, Galgenstrick, Raufbold,
Haudegen, Strauchritter, Schinderhannes u. s. w., so bilden
auch diese allgemeine Kennzeichen für eine Gewohnheit,
die auf den verschiedensten Gebieten üblich unter gegen-
seitiger Beeinflussung derselben zu einem volkstümlichen
Brauche geworden ist und sich in der Sprache noch bis
heute in alten Resten und durch zahlreiche Neubildungen
erhalten hat.

Einen weiteren Zusammenhang der Fechter und Spielleute und all der verschiedenen Arten ihrer Standes- und
Lebensgenossen kann man noch in dem Umstande finden,

dass sich eine grosse Zahl von Gattungsbezeichnungen und Eigennamen, welche ihrem besonderen Kreise einst angehört haben, bis jetzt als allgemeine Geschlechts- und Familiennamen erhielten; diese haben ihre besondere Beziehung auf jene Kunstbethätigungen freilich längst abgelegt und sind eben zu blossen Benennungen geworden, wie wir ganz die gleiche Erscheinung auch bei den zahlreichen Namen, die dem Handwerkerstande und einzelnen Berufs- und Gewerbegebieten entnommen sind und ursprünglich wohl eben die zum Eigennamen gehörige nähere Bestimmung bildeten, noch feststellen können. Heute noch haben wir einen Rest dieser Bezeichnungsweise in abgelegenen Dörfern und in kleineren Wohnbezirken alpiner Gegenden erhalten, wo zur Unterscheidung der einzelnen Persönlichkeiten zu dem Vornamen des Betreffenden nur die Bezeichnung seines eigenen Gewerbes oder Standes oder auch die seines Vaters hinzugefügt wird. Vielfach wird diese einfachste Bezeichnungsweise auch noch in historischen und rechtlichen Urkunden und Denkmälern angetroffen. So wenig man sich aber heutzutage, wenigstens wenn nicht specielle Forschungen oder Fachinteressen uns dazu veranlassen, etwa in Namen wie «Schneider, Schuster, Müller, Becker, Metzger, Küfer, Schmied, Schuhmacher, Weber, Schlosser u. A. immer auf den eigentlichen Sinn derselben und ihre Herkunft besinnt, so wenig ist es natürlich auch bei den im Folgenden erwähnten der Fall, die alle der Volksklasse der fahrenden Leute entstammen oder wenigstens ihren Ursprung auf diesem Gebiete mit grosser Wahrscheinlichkeit vermuten lassen. Dahin gehören etwa Namen wie: Pfeiffer, Geiger, Fiedler, Lautenschläger, Spielmann, Singer, Sprecher, Fichter, Fechter, Schirmer, Kämpfer, Schlagdenhaufen, Schlagintweit, Pfotenhauer, Springer, Schricker, Hauer, Sänger und ähnliche.

Eine weitere Übereinstimmung zeigen die Fechter, Spielleute und Fahrenden, die sie übrigens ebenfalls mit den Vertretern der verschiedenen Handwerke und Gewerbe teilen, nämlich die Verwendung von Namen dieser

Berufsarten zur Bezeichnung von Strassen, Plätzen und einzelnen Häusern und Örtlichkeiten. Manches was hier als Beweismaterial aus den verschiedensten Gegenden und Zeiten noch beigebracht werden könnte und ohne Zweifel auch wirklich vorhanden ist, hat sich meinen bisherigen Ermittelungen noch entzogen und wird sich erst später einigermassen vollständig gewinnen und zusammenstellen lassen. Vorläufig möge es genügen, hier auf die diesbezüglichen Zeugnisse für meine Behauptung hinzuweisen, welche ich E. Förstemann's Sammlung von Strassennamen, die Gewerben und Künsten entnommen sind, verdanke. Dort finden sich (vgl. die betreffenden Angaben in der Germania, Bd. XIV, XV u. XVI) die folgenden Bezeichnungen nachgewiesen: In Mainz eine Sackpfeifergasse, in Köln (anno 1232) ein Ort «Inter gladiatores», in Leipzig ein Stadtpfeifergässchen, in Worms eine Sterczirgasse (= Landstörzer-, Vagabundengasse), in Iglau desgleichen eine Sterzergasse, in Wien eine Fechtergasse, in Zürich eine Geigergasse, in Bern eine Kesslergasse — auch die Kessler und Kaltschmiede gehören zur Sippschaft der fahrenden Leute, wohl infolge ihres Wanderlebens, das sie oft bei Ausübung ihres Handwerkes führten —, in Neubrandenburg (Mecklenburg) eine Kunstpfeiferstrasse, in Frankfurt a. M. ein «vicus gladiatorum», später anno 1378 und 1443 als Schwertfegergasse bezeichnet — die Schwertfeger wie überhaupt die Schmiede und unter diesen besonders die Waffenschmiede scheinen mit den Fechtern in nahen Beziehungen gestanden und zu den Fechtschulen und Fechtergesellschaften ziemlich viele Teilnehmer gestellt zu haben — in Amsterdam ein Trompetersteg, in Basel (anno 1313) eine Lottergasse — Lotter ist so viel wie Spielmann, Gaukler, Possenreisser —, in der Feldmark von Spangenberg bei Rothenburg (Hessen) ein Pfiefergang, in Bremen eine Spielleutestrasse, in Strassburg eine Trompetergasse, in Magdeburg eine Schwertfegerstrasse, in Frankfurt a. M. ein Schwertfegergässchen, in Passau eine Klinger-

gasse — nach den Klingenschmieden so benannt —, in
Köln eine Schwertnergasse. Dazu sind noch ein Renn-
weg in Zürich, eine Turnierwiese bei Rothenburg a. d.
Tauber, sowie ein Kempfrasen bei Marburg zu erwähnen;
letztere Bezeichnungen sind wohl als Überreste und Zeugen
aus den Zeiten ritterlicher Kampfspiele und höfischen Turnierwesens zu betrachten. Auch einzelne Häuser und kleinere
Örtlichkeiten werden öfters mit Namen bezeichnet, die
wohl nicht aus blossem Zufall gerade der Klasse der
Fahrenden entnommen sind, sondern irgendwelche Beziehungen — wenn auch vielleicht nur solche sagenhafter
Art, wie das ja bei Ortsnamen häufig der Fall ist —
zwischen ihren Trägern und den betreffenden Namengebern
vermuten lassen. So gibt z. B. Zappert (vgl. Sitz.-Ber.
d. Wiener Akad., Bd. XIII [1854] pag. 160) einen «ad
joculatores» (nach Cod. Pataviens. Mon. Boic. 28, P. 2,
pag. 466) benannten Ort, ferner einen anderen «Spile-
mannesperch», nach welchem sich ein Fridericus, ein
Ortolfus und ein Albertus (vgl. Mon. Boic. 8, 164. 1, 274.
276) genannt haben. Das schweizerische Idiotikon führt
unter dem Worte «Gîger» (vgl. Bd. II, pag. 150—153) eine
ganze Reihe von Ortsbezeichnungen an, die alle nur auf diese
eine besondere Art der Spielleute zurückgehen; wir finden
dort: «Gîgerhof, Gîger-Hubel, Gîger-Hus, Gîger-Gass,
Gigers-Büel, Gigers-Berg», ferner bloss: «Giger, Gîgeri,
uf der Gîgern, Gigernwald etc., ein Beweis, wie gern
und häufig die durch den Volksmund erfolgende Namen-
gebung auch zu diesen niederen, aber sehr beliebten und
volkstümlichen Ständen ihre Zuflucht nahm.

Endlich ist noch die letzte der zwischen Fechtern und
Spielleuten bestehenden Übereinstimmungen zu betrachten,
ihre gemeinsame Bereicherung des Sprachlebens
durch Ausdrücke, die sich auf ihre Berufsthätigkeit
beziehen. Die grosse Beliebtheit, deren sich das fahrende
Volk so lange Zeit hindurch in den verschiedensten Schichten
der Bevölkerung zu erfreuen hatte, die nahen Beziehungen

desselben zu den niederen Ständen und Berufsklassen, die
weite Verbreitung, die seine Darbietungen und damit auch
seine technischen Ausdrücke im Zusammenhange mit dem
rast- und ruhelosen Wanderleben uud Umherziehen dieser
Vertreter einer zwar niedrigen und derben, aber heiteren
und volkstümlichen Kunst überall gefunden haben, dieses
alles konnte dazu beitragen, dass das Leben und Treiben
dieser munteren und leichtfertigen Scharen eine dauernde
Bereicherung des deutschen Sprachschatzes, besonders seiner
bildlichen und übertragenen Ausdrucksweise, herbeiführen
und auch einen starken Anteil an der Bildung sprichwört-
licher Redensarten durch den Volksmund nehmen musste.
Es soll hier noch ein kurzer Blick auf die zahlreichen
Redewendungen und einzelnen Ausdrücke geworfen werden,
welche unsere Sprache aus jenen Gebieten hergenommen
hat und die noch heute im Gebrauche und in aller Munde
sind, obschon wir uns bei ihrer Verwendung, wenigstens
bei einem grossen Teile derselben, ihres eigentlichen Ur-
sprunges nicht mehr bewusst werden oder zum mindesten
für gewöhnlich nicht darauf besinnen. Man muss unter
den verschiedenen hierhergehörenden Worten wieder unter-
scheiden zwischen solchen, die nur dem einen oder nur
dem anderen der beiden Stände zukommen, und denjenigen,
welche den beiden Gruppen der Fahrenden gemeinsam sind;
von dieser letzteren Art habe ich bereits in den Ausdrücken
S c h w a n k (vgl. noch G a s s e n h a u e r = derbes volkstümliches
Lied; ursprünglich vom Aufschlagen der Schwertklingen auf
den Pflastersteinen der Gassen, einer herausfordernden
Gewohnheit der Studenten), P r i a m e l resp. P r ä a m b e l und
B a r resp. P a r a t (= Parade) einige Hauptbeispiele gegeben,
bei welchen ich es für jetzt bewenden lassen will. Zahlreichere
Belege können zu der ersteren, grösseren Abteilung gegeben
werden. Wie aus manchen anderen Gebieten des mensch-
lichen Culturlebens, so haben sich auch aus dem Kampf-,
Turnier- und Fechterwesen hervorgegangene Ausdrücke in
grosser Anzahl in unserer Sprache eingebürgert und sind,

teilweise ihren ursprünglichen besonderen Sinn aufgebend, zu
allgemeinerer Bedeutung übergegangen, wie andererseits auch
das abstracte Denken gern seinen Ausdruck in möglichst
concreten Formen der sinnlichen Anschauung im Sprachleben gesucht und gefunden hat. Auf dieser letzteren Thatsache beruhen bekanntlich die zahlreichen Vorgänge der
Sinnesübertragungen, des Bedeutungswechsels der Worte,
der bildlichen Ausdrucksweise und der Ursprung des Wort-
spieles, welche dann alle zu willkommenen Mitteln künst-
lerischer Wirkung in Rede und Dichtung geworden sind.
Hier habe ich jedoch nur die Aufgabe, eine Anzahl dieser
Wendungen namhaft zu machen, ohne ihre vollständige
Aufzählung versuchen oder gar ihre geschichtliche Entwicklung im Einzelnen verfolgen zu wollen. Zu der Gruppe
des Kampflebens und Fechterwesens gehören unter
anderen die folgenden Ausdrücke und Redensarten:

Abschlagen etwas (ursprünglich wohl den Hieb des
Gegners), anbinden (die Klingen) mit einem, anheben, aufheben, viel Aufhebens machen von etwas, ausfallen, einen
Ausfall machen, ausfechten, ausschlagen etwas, zum Guten
oder zum Bösen ausschlagen, den Ausschlag geben, ausstechen
jemanden, ausstossen, austreten (aus dem Kreis, der als
Kampfplatz abgesteckt war), beikommen, ein Bein stellen,
beispringen einem, bekämpfen etwas, sich bloss stellen, sich
eine Blösse geben, sich decken gegen etwas, einsetzen sein
Leben, seinen Kopf für etwas, einstehen, eintreten für etwas
(nämlich in den Kampfplatz, um dafür zu kämpfen), einwenden,
erkämpfen, erringen, unter die Fuchtel nehmen, den Gna-
denstoss versetzen, sich mit Händen und Füssen gegen etwas
wehren, in Harnisch jagen, einen bis aufs Blut, bis auf
den Tod hassen, einen aufs Haupt schlagen, herumfuchteln,
ins Herz treffen, einen in seine Hut nehmen, behüten, sich
hüten vor etwas, einen vor die Klinge fordern, eine gute, scharfe,
gewandte Klinge führen, über die Klinge springen, Klopf-
fechterstreiche thun, einen vor den Kopf stossen, eine Lanze
brechen für jemanden, Lufthiebe führen, bis aufs Messer

bekämpfen, einem das Messer auf die Brust setzen, die Oberhand haben, gewinnen, einen über's Ohr hauen, der bildliche Ausdruck: ,sich oder einen andern etwas hinter die Ohren schreiben' (nämlich mit der scharfen Feder des Schwertes so gründlich und deutlich, dass man es nicht so leicht wieder vergisst») gehört wohl auch hierher, einem den Rest geben, einen aus dem Sattel heben, werfen, einen schirmen, einen harten Schlag versetzen, über die Schnur hauen (womit der Kampfplatz eingefriedigt war), einem Schutz und Schirm sein, ein Spiegelfechten anstellen, Spiegelfechterei treiben, etwas aufs Spiel setzen, einem oder etwas die Spitze bieten, einem die Stange halten (ihm beim Kampfe helfend beispringen, ihn durch Vorhalten der Parierstange vor den Streichen des Gegnes schützen), einen in den Sack, in die Tasche stecken (ein Fechterbrauch aus den Fechtschulen), dazwischen treten, einem zu nahe treten, überwerfen, überwinden, unterschlagen, unterwerfen, etwas verfechten, verhängen, versetzen, einem eines versetzen, einen Vorschlag machen, einen um den Finger wickeln, zustossen.

Aber auch die Spielleute und Fahrenden und die mit ihnen im engsten Zusammenhange stehenden Comödianten haben einen guten Anteil an der Erweiterung des volkstümlichen Sprachgebrauches, seiner Erhaltung und Verbreitung zu beanspruchen. Diesen Kreisen verdanken wir Wendungen, die zwar oft etwas derber Natur, darum aber gerade recht bezeichnend und in der Sprache der unteren Stände besonders beliebt sind, wie etwa die folgenden:

Anstimmen, sich aufspielen als etwas, etwas ausposaunen, durchdringen, einfallen, den Einklang stören, sich einpauken (in der Studentensprache auf das Gebiet der Fechtkunst, dann auf das der gelehrten Studien übertragen), einstimmen, flöten gehen, die erste Geige spielen, ins gleiche, grosse Horn blasen, auf den Kopf stehen, sich auf den Kopf stellen, auf etwas pfeiffen, auf dem letzten Loche pfeiffen, einem übel mitspielen, nach jemandes Pfeiffe tanzen, aus der Rolle fallen, eine böse, grosse, neue Rolle spielen, andere, neue, schärfere

Saiten aufziehen, mit klingendem Spiel aufziehen, sein Spiel mit jemandem treiben (von Gauklern und Taschenspielern übernommen), das Spiel verderben, die Stimmung wechseln, einem einen Streich spielen, den Ton angeben, einen anderen Ton anschlagen, übereinstimmen, übertönen, verstimmt sein, einem etwas vorspiegeln, einem etwas weiss machen.

So ergab sich also auch auf diesem sprachlichen Gebiete, wie auf den übrigen, der Betrachtung bereits früher unterzogenen, nicht bloss eine merkwürdige Übereinstimmung zwischen den Fechtern und Spielleuten unter sich, sondern auch der weitere, allgemeine Zusammenhang, in dem diese Stände, neben vielen anderen, mit der culturgeschichtlichen Entwicklung des Sprachlebens und Sprachschatzes stehen. Für mich boten die sprachlichen und litterarischen Erscheinungen und Parallelen zwar naturgemäss das Hauptinteresse, aber sie liessen sich nicht darlegen und verstehen, ohne auch die rechtlichen, socialen und historischen Gesichtspunkte mit zu berücksichtigen; denn diese bilden die Grundlage und Erklärung für die anderen Thatsachen und Ergebnisse und können allein zu einem richtigen Verständnisse und einer entsprechenden Würdigung jener Zusammenhänge führen, die auf den ersten Blick hin vielleicht etwas sonderbar erscheinen, culturgeschichtlich betrachtet aber notwendig sich ergeben und als leicht begreiflich erweisen.

Am Schlusse dieser Untersuchungen angelangt, fasse ich noch einmal kurz die Hauptergebnisse der vorliegenden Abhandlung zusammen. Ausgehend von den beiden Grundmotiven germanischer Lebensanschauung, Kampf und Dichtung, — deren Wurzeln wohl in Cultus und Mythologie zu suchen sind, — beziehungsweise von ihren Vertretern, den Kämpen und Spielleuten, versuchte ich zunächst den in den späteren Zeiten des Verfalles deutlich vorliegenden Parallelismus zwischen Waffenkunst und Dichtkunst bis in die ersten Zeiträume seines Entstehens zurück zu verfolgen. Die Frage eines eventuellen, möglichen Ein-

flusses der römischen Tierkämpfer und Gladiatoren, Spielleute und Schauspieler auf germanische Verhältnisse habe
ich dabei absichtlich unberücksichtigt gelassen, da ich
mich für ihre Beantwortung nicht für competent genug
erachtete. Sodann wurde das Auftreten der Kämpen im
Dienste der Gerichtsbarkeit bei den gerichtlichen Zweikämpfen, einer besonderen Art der Gottesurteile, erwähnt
und von den Fechtmeistern als Leitern der ritterlichen Waffenübungen an den Höfen des Mittelalters gesprochen. Weiter
wurde dann die Pflege der Fechtkunst in den Städten durch
das zünftige Handwerk nachgewiesen und ihre Verwendung
teils als kriegerische Vorbereitung für den Ernstfall, teils
zu Zwecken heiterer und festlicher Volksbelustigung erörtert.
Bei der Geschichte des Fechterwesens dieser späteren Zeit
habe ich etwas länger verweilt, weil es noch weniger
Bearbeitungen gefunden hat als das häufig behandelte Leben
und Treiben der Spielleute und fahrenden Sänger speciell
des höfischen Zeitalters und die Dichtkunst der bürgerlichen
Meistergesangsperiode und ihre bekannten Vertreter, so dass
ich von einer eingehenderen Schilderung dieser letzterwähnten
Verhältnisse dank der bereits starken Litteratur darüber hier
füglich absehen konnte. Nur kurz wurde unter solchen
Umständen in einem den Übergang zum Hauptabschnitte
bildenden Teile die dem Fechterwesen durchaus ähnliche
Entwickelung des Spielleute- und Sängerstandes in ihrem
geschichtlichen Verlaufe dargestellt und dabei zugleich auf
einige Fragen hingewiesen, die noch weiterer Erforschung
zugänglich sind und vielleicht nicht ganz wertlose Ergebnisse
liefern könnten. Im letzten Teile meiner Untersuchung
habe ich sodann den geschichtlichen Zusammenhang dieser
beiden niederen Volksklassen noch nach den verschiedensten
Seiten hin eingehender betrachtet, wobei ich mein Augen-
merk besonders auf die rechtlichen und socialen Gesichtspunkte, sowie auf die litterarischen und sprachlichen Erscheinungen gerichtet hielt; dabei wurden natürlich fürs
erste überall nur gerade die Hauptsachen berührt und der

Verfasser wünscht nicht den Anspruch zu erheben, bereits etwas Abschliessendes auf diesem Gebiete geleistet zu haben, vielmehr möchte er auf eine weitere Anregung zu diesen Studien und solchen ähnlicher Art mit seinem kleinen Beitrage abzielen.

IV. Teil.

Beilagen.

Nr. I. Die Fechtprobe zwischen Hagen und Wate aus dem Kudrunliede.

(Strophe 353—371. Ausgabe Martin, Halle 1872, S. 81—86.)

353. Vür den künec si giengen. dâ wâren ritter vil.
dâ vunden si besunder maneger hande spil:
in dem brete zabelen, schermen under schilden.
si ahten nicht sô hôhe als man doch hete Hagenen den wilden.

354. Nâch site in Îrlande vil ofte man began
maneger hande freude. dâ von Wate gewan
den künic ze einem vriunde. Hôrant von Tenerîche
durch der vrouwen liebe vant man vil ofte gemelîchen.

355. Her Wate unde ouch Fruote, die snelle ritter balt,
vil nâch in einer mâze die recken wâren alt.
ir beider grîse locke sach man in golt gewunden.
swâ man bedorfte recken, dâ wurden si gar ritterlîchen vunden.

356. Des küneges ingesinde ze hove schilde truoc,
kiule und buckelaere. geschirmet wart genuoc,
gevohten mit den swerten, mit gabilôte geschozzen
vil ûf guote schilde. die jungen helde wâren unverdrozzen.

357. Der vürste Hagene vrâgte Waten und sîne man,
obe in in ir lande waere iht kunt getân
schirmen alsô starke, alsam in Îrrîche
die sînen helde phlaegen. des ersmielte Wate versmâhlîche.

358. Dô sprach der helt von Stürmen ‚ich gesach ez nie.
der aber mich ez lêrte, dar umbe waere ich hie
bevollen ze einem jâre, daz ich ez rehte kunde.
swer des meister waere, mîner miete ich im gerne gunde‘.

359. Dô sprach der künec zem gaste ‚den besten meister mîn
wil ich dich lêren heizen durch die liebe dîn,

daz dû doch drî swanke künnest swâ man strîte
in herten veltstürmen. ez vrumet dir ze etelîcher zîte'.

360. Dô kam ein schirmmeister. lêren er began
Waten den vil küenen. dâ von er gewan
des sînes lîbes sorge. Wate stuont in huote,
sam er ein kemphe waere. des erlachte dô von Tenen Fruote.

361. Daz half dem schermmeister, daz er wîte spranc
alsam ein lêbart wilde. an Waten hende erklanc
vil dicke daz schoene wâfen, daz die viurvanken
drâten ûz den schilden. des mohte er sînem scherm-
            knaben gedanken.

362. Dô sprach der wilde Hagene ,gebt mir daz swert enhant.
ich wil kurzwîlen mit dem von Sturmlant,
ob ich in müge lêren der mînen slege viere,
daz mirs der recke danke'. daz lobete dô der alte Wate schiere.

363. Der gast sprach zem künege ,ich sol vride dîn
haben, vürste Hagene, daz dû iht vârest mîn.
slüegest dû mir wunden, des schamte ich mich vor vrouwen'.
Wate kunde schirmen, daz sîn zer werlde nieman mohte
            trouwen.

364. Hagene dolte kûme den kunstlôsen man,
daz er als ein begozzen brant riechen began
der meister vor dem junger. jâ was er starc genuoc.
der wirt ouch sînem gaste slege unmaezlîchen sluoc.

365. Die liute sâhenz gerne durch ihr beider kraft.
der künec vil schiere erkante die Waten meisterschaft.
ein teil begunde er zürnen, waerez im niht ân êre.
swaz man sach ir sterke, doch hete ir Hagene dâ bezeiget mêre.

366. Wate sprach zem künege ,lâz âne vride sîn
unser beider schirmen. ich hân der slege dîn
gelernet nû wol viere. ich wil dirs gerne danken'.
er lônte im sît sô hôhe sam einem wilden Sahsen oder Franken.

367. Dô si den vride liezen belîben under wegen,
der sal begunde diezen von ir beider slegen.
swaz si anders taeten, in möhte sîn gelungen.
ir schirmen was als swinde, daz in die swertes knöphe
            hine sprungen.

368. Sie giengen beide sitzen. der wirt zem gaste sprach
,ir gehet, ir wellet lernen? jâ waene ich nie gesach
des junger ich sô gerne nâch solher künste waere.
swâ man phligt der dinge, dâ sît ir ûf dem ringe lobebaere'.

369. Jrolt sprach zem künege ,herre, ez ist geschehen
daz ir iuch habet versuochet. wir hân ez ê gesehen

in unsers herren lande. wir habenz uns ze rehte,
daz aller tegelîche phlegent sîn ritter unde knehte'.
370. Dô sprach aber Hagene ,und haete ich daz erkant,
sô waer daz schirmwâfen niht komen in mîne hant.
ich ensach nie junger lernen alsô swinde'.
der rede wart gelachet dâ von maneger edeler muoter kinde.
371. Dô erloubte er den gesten, swâ mite si die zît
hin getrîben möhten. des volgten ime sît
die von Ortlande. dô si begunde verdriezen,
dô wurfen si die steine und begunden mit den scheften schiezen.

Nr. II. Geschichte der Kampffechter von Löwen.

A. Aeltere Fassung: (Nach dem Spiegel Historiaal,
of Rym-Spiegel, zynde de nederlandsche Rym-Chronyk, van
Lodewyk van Velthem, Priester, voor ruym 400 Jaaren
in Dichtmaat gebracht. [1248—1316 van welke de Schryver
is Tydtgenoot geweest.] Uitgegeven en met noodige verklaaringen opgeheldert, door Isaac le Long. T'Amsterdam,
1727, pag. 38—42. I. Boek, Capittel XXVIII—XXX.)

Capittel XXVIII.

Van den Hertoge Heinrike, ende den Biscop van Ludeke.

Twist tusschen Hertog
Hendrik van Brabandt,
en den Bisschop van
Luyk.

Eeen swaar onweer
doedt veel schaade.

In 't ander iaer van Willems rike,
So werd een twest vreselike,
Tuscen Ludeke ende Brabant,
Ende oec van Namen d'lant;
5. D'een voer hier, d'ander voer daer,
Ende verheriden d'lant swaer.
Een tempeest quam oec mede saen
Die menigen lede heeft gedaen.
Tuscen Hoye ende Denant,
10. Keinet vorsce ende vesche in 't lant,
Die daer so euen dicke lopen
Ende thans in die erde cropen.
Ende daer dit alsoe gesciede,
Storven oec daer na die liede,
15. Ende die beesten storven mede. *)

---

*) Hier folgen 24 Zeilen, die andere Ereignisse schildern (De Hertog van
Oostenryk beoorloogt Trier. und: Koning Willem ondersteunt den Hertog van
Oostenryk.) und nichts mit unserer Begebenheit zu thun haben; ich habe sie dess-
halb hier weggelassen.

— — — — — — — — —
— — — — — — — — —
— — — — — — — — —

Voorslag, om de ver-
schillen tusschen den
Hertog van Brabandt,
en den Bisschop van
Luyk af te doen.

Nu hord van den Hertoge Heinrike,
Die twest iegen Ludeke met;
Hier werd een dach oec af geset,
So dat si quamen te perlemente.
20. Nu was altene Biscops atente
Dat sise beroepen wilden or campen?
Want uit orloge haddi die rampen.
Dus waendyt met campen beweren.
Als't te perlement quam die Heren,
25. Ende si spraken om soen-dinc maken;
So waren altene d'Biscop saken,

Zy besluyten om te
Kampen.

Ende men't in campe bescede echt;
Ende die onder bliue in't geuecht
Hi sal beteren dan dese dinc.
30. Aldus hi t'enen hantscoe vinc,
Ende botene den Hertoge saen,
Die ne daer nv heeft ontfaen,
Ende te comen op ten viertechsten dach,
Ende dit te vor wer ne of hi mach
35. Elc met sinen Kempe gereet.
Op dit belof, op dit beheet,
Sciet daer elc van andren nv,
T'Sinen lande waerd, dat secg ic v.

Capittel XXIX.

Van haren Kempen.

De Bisschop maakt zich
tot den kamp gereedt;

Die Hertoge micte lettel hier op.
40. Ende liet liden. Mar die Biscop
Dede enen Kempe soeken gereet,
Den stercsten die men iegeren weet;
Ende geloefd em grote rychede,
Mochti den Kemp verwinnen mede

maar de Hertog niet.

45. Die de Hertoge soude bringen,
Die lettel wiste van desen dingen;
Want hi waende sonder waen
Dat soude syn te niewete gegaen.
Ende die XLste dach quam bi,

Syne Heeren spreeken
hem daar over aan.

50. Vraechden die heren: Waer dat hi
Enen Kempe had genomen?

10

Die Biscop wilt emmer te crite comen,
Ende heeft enen Kempe starc,
Die hem vermet in een parc

55. Te kempe, te sconfierne wel,
So starc es hi, ende so snel.
Ghi behoeft v, Here! te versien wale,
Seldi daer behouden v pale;
Want mi dunct het werd v hard.

60. Dat nem ic op mine leste vaerd,
(Sprac die Hertoge) dat ic ne weet
Waer mi een Kampe sal syn gereet?
In heb mi noch niet versien;
Ende moet die camp emmer gescien?

65. Ja hi, Here! dat wet ie wale,
Daer ne helpt weder gene tale.

Hy Bedenkt zich daar over.

En trouwen (sprac die Hertoge saen),
So will ic mi hier op beraden gaen.

Laat na een Kamper soeken.

Hi ontboet hier ende daer;

70. Maer hi en vant niemant vorwaer
Die den camp dorste vechten,
Jegen den genen, of berechten.
Want alsi' vernamen't geens gedane,
· So ne dorst'er niemen comen ane.

Hem wordt een grooten sterk man aangedraagen,

75. Doen liet men den Hertoge verstaen dan,
Dat te Louen waer een man,
Die waer so vtermaten groet,
Ende also lanc, dat syns genoet
Niegeren ware nv ter stede;

80. Ende hi sceen oec so starc mede,
Dat hi enen leu mocht binden:
Maer men soude niegeren vinden

maar die geheel vreesachtig was.

Bloderen man in geen lant,
Dan hi es. Doe sprac te hant

85. Die Hertoge: Dit's myn geuoech mede;
Ic micke niet op tie bloethede,
Indien dat hi groet es,
Ende starc mede, des syt gewes.

De Hertog spreekt hem daar over;

Dus quam die Hertoge sonder waen

90. Te Louen, ende ontboet doen saen
Genen man, dat hi te hem quame?
Die gene metter bloder name
Es vor den Hertoge comen houde,
Ende vraechde: Wat hi hem woude?

95. Die Hertoge sprac: Ic heb uwes te done,
Alse vor enen groten Baroene,
Te bringen t'enen Kimpioen.

doch hy wilde niet
kampen.

Neen, Here! des mag ic niet doen!
In vechte niet om genen toren,

100. Al souder al Brabant om syn verloren!

De Hertog eyscht alleen,
dat hy soude veynsen
te willen kampen;

Wat secgdi? Vrient! waendi nv
Dat ic wil doen vechten v?
In wil niet dat gi yegeren om vecht;
Maer ic wil, dat ghi vard recht

105. Met mi alse een stout seriant,
Ende gelaet v alsoe valiant,
In v were, ende in v gelaet,
Alse oft gi al met uwer daet
Des Biscops liede sout scoffieren.

110. Alse van v sien dese manieren,
Hem sal versagen elc die't vereysce,
Ende selen mi geuen al dat eysce.
Ghi syt so groet, ghi scynt so starc;
En sal niemen in een parc

115. Jegen u comen dorren.
Here! Daer toe helpt iegen geen porren;
In vechte geen tyt, wat's gesciet.
Goet man, ende in beger's oec niet!
In wil maer alse op desen dach,

120. Dat ic v den Biscop tonen mach,
Ende dat gi dan gelaet coenlike
Vore den Biscop, ende stouteliken.

't welke dese man
belooft.

Dat sal ic wel doen sekerleken,
Ende grote worden connen spreken,

125. Ende stalpen, ende wagebarden met;
Maer in vecht's niet, bi mire wet.

Capittel XXX.

Hoe die camp geuachten werd.

De Hertog en de Bisschop
komen te Luyk om te
kampen.

Doen't was so verre comen
Dat tie tyt was genomen
Alse dat men den camp vechten soude,

130. Quam die Hertoge alse houde
Met sinen Kempe te Ludike werd;
En tie Biscop mede ter vard

10*

Quam iegen met sinen Kempe saen.
Daer syn die Heren te rade gegaen

135. Om dese dinc, oft men conde
Afgelecgen metten monde,
Dat men den camp en vochte niet.
Die Biscop hem wieken nient liet.
Doen die Hertoge dit heeft verstaen,

140. Ginc hi t'sinen Kempe werd saen,
Die hem vragede altehant:
Wat eest, Here! hoe gaet in hant?
Herde wel, dat secg ic v,
Gelaet vaste coenleec nv,

145. Ic sal hier hebben al myn geuoegen.
Of ghi wilt, Here! laet v genoegen,
Bi mire trouwen in vecht's niet,
Wat v oec daeraue mesciet.
Neen gi niet, en es geen noet;

150. Op dat ghi aldus vorwaerd doet,
Ende hout v stoutelike in 't gebare;
Si selen mi geuen dat ic begare.
Dus es hi weder ten Heren comen
Die den camp gerne benomen

155. Hadden daer, haddense geconnen.
Maer neen, het's om niet begonnen.
Die corden waren ginder geslagen
En tie setele worden gedragen
Binnen den crite, daer men mede

160. Die Kempen saen op sitten dede.
Die Hertoge quam daer weder gegaen
T'sinen Kempe, die hem saen
Vragede: Hoe die saken gingen?
Si gaen mi af al mire dingen,

165. Die si mi geloefden ere.
Bi trouwen ic sculdich ben onsen Here,
Sprac die gene, maect pays saem,
Oft ic sal vten crite gaen;
Want in vechte in gere sake.

170. Helpt, vrient! Wat wildi maken?
Gin di enen voet vten crite,
Ghi word dan uwes liues quite;
Want men sloege v hier ter stont
Dat hoeft af, dat si v cont.

175. Sit hier noch, ende ic sal gaen

Seldtsaam gedrag van's
Hertogs kamper:

Besien wat si hebben gedaen
Die ic ouer die effeninge liet!
Ic sal't effenen wat's gesciet;
Ende sael't ouer mit laten gaen.
180. Dus es hi van daer gegaen.
Ende alsoe vollyc es opgestaen
Des Biscop kempe, ende nam saen
Scilt om hals, ende cloppel in hant,
Ende ginc ten andren werd te hant,
185. Ende gaf hem op hoeft enen slach,
Daer't menich toegesach;
Ende die gene sat stille noch doe,
Ende sprac den·genen aldus toe:
Siet, goede liede! ende wat meinstu
190. Dat tu mi dus slaes hier nv?
Wat hebb ic di mesdaen hier ter stede?
Ende in seide di heden lede
Noch en mesdede noyt den man.
Die gene quam noch vorwerd an,
195. Ende gaf den genen noch enen slach.
Ay mi! God geue v quaden dach!
Sprac die gene, ende greep syn hoeft
Met beide handen, des geloeft.
En tie ander spranc achter werd,
200. Alse noch te verhalen daer sine verd.
Die gene sprac: Bi mire trouwen,
Sladi mi meer, het sal v rouwen!

Die nogtans des Bisschops kamper overwint.

Derwerd comt die gene gegaen;
Ende tie ander sprinct op saen,
205. Ende laet cloppel ende scilt vallen,
Ende neemt den genen daer met allen,
Ende worpen onder hem ter neder,
Ende slaten metten vvosten weder,
So grote slage, dat hi ne saen
210. Van den liue heuet gedaen.
Doe riep men daer in's Hertogen side:
(Die des waren herde blide;)
Werpt ouer die corde vten crite,
So siḑi dies alte male quite!
215. Dit dede die gene; ende daer naer
Sloech men hem dat hoeft af daer;
En tie Hertoge bleef in die ere.
Ende van desen dage vord mere,

Alse lange alse leefde dese man,
220. So ne was niemen so coene dan,
Die hem yet hadde mesdaen,
Hi ne wildene vloechs te camp bestaen;
Hi was so coene worden hier af
Dat hi niemen te voren gaf.
225. Van desen es noch het geslechte comen
Te Louen, dat ic v wel soude noemen.

———

B. Jüngere Fassung (Nach einer Papier-Handschrift vom Ende des 14. oder Beginn des 15. Jahrhunderts, das 4. Buch der «Brabantsche Yeesten» enthaltend, früher der Abtei Affligem, jetzt dem Reichsarchiv von Brüssel angehörig. Ein Abdruck desjenigen Teiles, welcher unsere Episode enthält, findet sich nebst 3 zugehörigen Abbildungen nach den alten Miniaturen der Handschrift in der Zeitschrift «Belgisch Museum voor de nederduitsche Tael- en Letterkunde en de Geschiedenis des Vaderlands», uitgegeven noor J. F. Willems. Deel I (Te Gent, 1837) pag. 26—32. Ich gebe die Stelle nach der durch Willems daselbst besorgten Reproduction.):

De leuvensche kampvechter,
ten jare 1236.

«Jnt ander jaer, na Willems rijc,
So wart een twiste vreeselijc
Tusschen Ludicke ende Brabant,
Ende ooc van Namen dlant:
5. Deen voer hier, dander daer,
Ende verheriden dlant swaer.
Een tempeeste quam mede saen,
Dat menegen leede heeft gedaen:
Tregenet vorsche ende vischen int lant,
10. Also men clare bescreven vant,
Ende daer, na dat dit gesciede,
Storven te hans vele liede.
Nu hoort van den hertoge Heinricke,
Die dander was sekerlike,

15. Ende die twiste tusschen Ludike met:
Daer wart een dachvaert op geset,
So dat si quamen teń parlemente.
Nu was des bisscops attente
Dat hine roepen soude te campe.

20. Want hi met orlogen hadde rampe,
Dus waende hijt met campe verweeren.
Als te perlemente quamen die heeren,
Ende si spraken om soene te maken,
Waren emmer des bisscops saken

25. Dat men te campe besciede echt,
Ende die onder bleve, int gevecht,
Dat hi betere dan die dinc.
Dus hi tenen hantscoe vinc,
Ende boeten den hertoge saen,

30. Diene aldaer heeft ontfaen,
Dat hi come opten XL^{sten} dach,
Om dit te verweren, of hi mach.
Dus sciet elc vanden anderen nu,
Ende voer te lande, seggic u.

35.   Die hertoge micte clein hier op
        Ende liet liden; maer die bisscop
        Dede enen kempioen sueken gereet,
        Den stercsten die men ieweren weet,
        Ende beloofde hem grote rijchede,

40.   Mocht hi den kemp verwinnen mede,
        Dien die hertoge soude bringen
        (Die luttel wist van desen dingen).
        Hi kreech enen kimpe sterc,
        Die hem vermat in een perc

45.   Shertogen kempe te scoffieren wel,
        So sterke was hi ende so fel.
        Des es die hertoge onversien,
        Moet den campe ummer gescien.
        Dit seidemen den hertoge wale.

50.   Daer en halp jegen geene tale.
        «So willic mi beraden saen!»
        Sprac die hertoge, sonder waen.
        Hi ontboot hier end daer,
        Maer hine vant niemant voerwaer.

55.   Want si alle vernamen sgeens gedane
        En dorster niemant comen ane.
        Doen liet men den hertoge verstaen dan

Dat te Loven woonde een man,
Die waer so utermaten groot,
60. Ende so sterc, dat sijns genoot
Niewer en waer, teeniger stede:
Jc segghe u wel die waerhede:
Hi soude wel eenen beere binden;
Mer men mochte nieweren vinden
65. Bloeder man in en geen lant
Dan hi was. Doe sprac te hant
Die hertoge: «dits ongevoech groot mede.
Jn micke niet op sine bloothede
Jn dien dat hi groot es,
70. Ende sterc, des sijt gewes.»
Dus quam die hertoge, sonder waen,
Te Loven, ende entboet saen,
Dat hi quame voor den hertoge boude.
Hi vroeg hem, wat hi woude?
75. De hertoge sprac: «ic heb uwes te doen,
Alse voor eenen groten baroen
Te brengen tenen campioen.»
‚Neen, heer, des mach ic niet doen,
En vechte al om geenen toren,
80. Al soude al Brabant sijn verloren!'
«Wat segdi, vrient, waendi, nu
Dat ic wil doen vechten u?
Mer comt met mi als een stout seriant,
Ende gelaet u als coen ende vaeliant,
85. Jn uwen woorden ende u gelaet
Als of ghi, al met uwer daet,
Sbisscops volc al soudt scoffieren:
Als si van u sien die manieren,
Sal niemen dorren in een perc
90. Jegen u comen; ghi sijt so sterc.»
‚Heer, en vechte niet, wats gesciet!»
«Goetman, en begeers ooc niet.
En wille els niet, op dien dach,
Dan ic u den bisscop tonen mach,
95. Ende dat ghi daer gelaet coenlike,
Voer den bisscop, ende stoutelike.»
‚Dat sal ic wel doen, sekerleken,
Ende grote woorden spreken,
Stalpen ende wagebaerden met,
100. Maer en vechs niet, bi mire wet!'

Doet was so verre comen,
Dat die tijt was genomen
Dat men den camp vechten soude,
Quam die hertoge also houde
105. Met sinen kemp te Ludick waert;
Ende die bisscop mede ter vaert
Quam met sinen kempe saen.
Daer sijn die heren te rade gegaen
Om dese dinc, of men conde
110. Afgeleggen metten monde
Dat men den campe en vochte niet.
Die bisscop hem niet wiken liet.
Als die hertoge dit heeft verstaen,
Ghinc hi tsinen kempe saen,
115. Die hem vraechde, al te hant,
,Wat est, here, hoe gaet te hant?»
«Herde wel, dat seggic u:
Gelaet u wel ende coenlijc nu,
Jc sal hebben mijn gevoegen.»
120. ,Here, of ghi wilt, laet u genoegen!
Bi mire trouwen, en vechte niet,
Wat u ooc daer na gesciet.'
«Neen, ghi niet, ten es geen noet,
Op dat ghi dus vordaen doet
125. Ende hout u stoutelic int geberen,
So salics hebben mijn begeren.»
Dus es hi weder ten heren comen,
Die den camp gherne [hadden] benomen,
Ja, hadden si geconnen;
130. Maer neen si, hets om niet begonnen.
Die corden worden daer geslagen;
Gene setelen waren daer gedragen
Binnen den crite, daer men gerede
Die kempen sitten in dede.
135. Die hertoge quam doe gegaen
Tsinen kempe, die doen saen
Vraechde, hoe die saken gingen?
«Si gaen mi af al mine dingen,
Die si mi beloofden ere.«
140. ,Trouwe ben sculdich onsen here
(Sprac die gene), maect peis saen!
Oft ic sal uten crite gaen;
Want en vechte in geenen saken.'

‹Help vrient, wat wildi maken?

145. Gingdi enen voet uten crite,
Ghi soud worden uwes lijfs quite:
Want men sloege u hier ter stont
U hooft af, dat si u cont.
Sit hier noch, ende ic sal gaen

150. Besien wat si hebben gedaen,
Die ic over die effeninge liet.
Jc salt pointen, wats gesciet.›
Dus es hi wech gegaen.
Mettien stont op herde saen

155. Sbisscops kemp, ende nam te hant
Scilt om den hals, cluppel in hant,
Ende gaf hem opt hooft enen slach,
Daer die menege toe sach.
Ende die gene sat stille noch doe,

160. Ende sprac den anderen dus toe:
,Siet, goede liede, wat meinstu
Dattu mi dus slaets nu?
Wat hebbic di gedaen ter stede?
Jc en seide di heden lede,

165. Noch en mesdede noit man.'
Die ghene quam noch bat an,
Ende gaf hem noch enen slach.
,Ay mi! God geve di quaden dach!'
Sprac hi ten genen, ende greep sijn hooft

170. Met beiden handen, des gelooft;
Ende dander spranc achter waert,
Om te verhalen sine vaert.
Die gene sprac: ,Bi mire trouwen!
Sladi mi meer, het sal di rouwen!'

175. Derdewerf quam die gene gegaen,
Ende dander spranc op saen,
Ende laet cluppel ende scilt vallen,
Ende nemt den genen daer met allen.
Ende werpen onder hem, ter neder,

180. Ende sloegen met vuusten weder,
So grote slagen dat hine saen
Van den live heeft gedaen.
Doe riepen si, in shertogen side,
Die doe waren herde blide:

185. ‹Worpten over die coorde, uten crite,
So sijdijs altemael quite!›

Dit dede die gene, ende daer naer
Sloech hi hem thooft af daer,
Ende die hertoge bleef in dere.
190. Ende van desen dage, voort mere,
So en was niemant so coen voerdaen,
De hem iet hadde mesdaen,
Hine wilden vlus te campe bestaen.
Van desen es noch geslachte comen
195. Te Loven, dat ic wel soude noemen.›

No. III. Stellen aus Hugo von Trimberg's „Renner" über die Kämpen, Ringer und Springer etc.

‹Daz ist ein mere von zwein kempfen.
Ein kempfe vil levten was bekant
von siner kraft uber manic lant,
Nv was ein ander in einem lande,
Des kraft man auch weiten erkande,
Nv komen sie pede an ain stat,
Do daz volk sie mit fleizze pat,
Daz sie zesamen wolten gen,
vnd dirre mit kampfe ienen besten.
Do sprach ir einer: mohte ir mir geben
Ein ander leben zv disem leben,
Daz als lange wert, als ditz tvt,
Ich hete den leip vnd auch den mvt,
Daz ich der leben einez waget an in,
Ditz wer aber gar ein tvmmer sin,
Ob ich daz leben, daz ich noch han,
waget vf tvmmes rvmes wan,
Der kempfe! was weiser, denne di degen
Die man siht iustierns pflegen,
vnd manger ander affenheit,
Die ir leben veile treit,
. . . .
. . . . . . u. s. w.› v. 11'584—11'603.

‹Der hat witze, die sint clein;
Swer einen slegel oder einen stein
vf hebet v̌ber alle sin kraft,
vnd went, ez sei grozze meisterschaft,
Ob er in wirffet von der stat,
Da er mit fride gelegen hat

an ein ander stat hin dan:
Sprichet zv dem durch spot ein man,
Er hab in geworffen als ein helt
So levffet ir aber hin vnd quelt
Mit dem grozzen steine
vleisch vnd ander gebeine,
vnd daz vil leihte ein rippe prichet,
Dirre erbeit lon ist, daz man sprichet,
we! wie ein wurff ditz löblein
Machet mangen torn vnsenfte pein,
wenn sin gelider beginnen queln,
Teglich vnd er daz mvz heln,
Ein nutzer werk wolde ich im zeigen,

. . . .
. . . . . . u. s. w.» v. 11'610—11'628.

«Von ringern vnd von springern.
Noch ist einez, daz schaden bringet,
Swer also ringet oder springet,
Daz im di plose arm oder pein
pristet, der mohte vil liber ein
Gantzes tar[1]) sanft haben gelebt,
Danne, daz er nach vnselde strebt.»

. . . .
. . . . v. 11'636—11'641.

No. IV. Die Nürnberger Fechtschul-Reime vom Jahre 1579.
(Nach der Papierhandschrift No. 1458 des germanischen National-
Museums von Nürnberg, die auch das Wappen der Federfechter und
das Kupferstichporträt des «Leonhard Schwab Jn Nürnberg verord-
neter Unterhauptmann der Federfechter AE. [aetatis] 41. A°. 1671»
enthält. Abdruck nach K. Wassmannsdorff's Wiedergabe in seiner
Schrift «Sechs Fechtschulen der Marxbrüder und Federfechter u. s. w.»
Heidelberg, 1870 pag. 32—45.)

(1a.) Fechtschuln-Reimen
angefanngen Anno
1579.

(1b.) Der Todt ist gewiss, Vngewiss der Tag
Die stundt auch niemandt wissen mag

---

[1]) wohl Druckfehler für «jar».

Darumb fürcht Gott, vnnd dennck darbey
Das yede stunndt die letzte sey.

1.) (2a.) **Gregorius Beer hefftleinmacher Ein Federfechter.**
Adj. [a die.] 26. Apprillis A⁰. 1579.

a) Die ersten Reimen zur Stanngen.

«Zu Frannckfurt an der Ader
schlugen sich ein Balbirer vnd ein pader
Dartzu kamen die kürszners buben
Ey. Ey. wie thetens ein annder huben
Wie die püttner vmb daz fas,
Wers nit wol kan der Lerne es bas.

b) Die Anndern zum Schwerdt.

Ich schwinge mein schwert Jn Gottes glück
Vor keinem fechter Jch erschrickh,
Er sey gleich kurtz, lanng oder dickh.
So ficht Jch mit Jm on allen schertz,
Er sey gleich ein maister des lanngen schwerts
Hoscha maidlein, scheisz Jn belcz.»

2.) (2b.) **Mathes Greszman vom Hof ein Peckenknecht vnnd Marxbruder**
Adj. 3. May A⁰. 1579.

a.) Die ersten Reimen zu der Stanngen.

«Frisch her ich hab vernommen,
Wie daz frembde federfechter von augspurg sein komen,
Die haben auszgeben, vnnd thun sagen
Sie wöllen mich stoffen vnnd schlagen
Jch hoff aber ein Gott will es soll Jn nit gelinngen,
Wer daz glück hat wird vf den abent sinngen,
Jch bin ein Junger fechter merckt mich eben,
Jch wollt auch nit gern verliern mein Junges leben
Gott wöll mich dann also heunt verlasszen
Daz Jch mein haut vnnder der gefider mus lasszen
Jedoch ist mir Gott zu eim schutz geborn
So hoff Jch doch daz Spil sej noch nicht gar Verlorn.

b.) Die Anndern zum Schwertt.

Frisch her lasz nit schnappen
es gillt mir Vnnd dir ein guts bar kappen

die kappen seinnd Jm Winntter gut
(3a.) Drum trag Jch ein frischen freyen mutt
Du Edler Löew thue auf dein glider
Las dich den Greiffen nit trucken nider
Weil er dann mit seinem hochmut vnd pracht
Die Bruderschafft von sannt Marx Veracht.
Ob sich der Greiff Jn der lufft thut herumbschwingen
So thust du Edler Loew Jm Wald herumb springen
Bey anndern Thierlein Jung vnnd alltt.
Wer Lust mit mir zu fechten hat der thus nur baldt
Vnnd thue sich nitt Lanng besinnen
Mein feuer Thut dahaim Jm ofen brinnen
Dasselbig hab Jch höeren Krachen
Jch mus warlich haim, mus auswürcken, einschiesszen, vnnd
                                   widerumb auszpachen,
    hiemit keiner veracht
Jch schlag drauff daz hercz Jm Leib kracht.»

3.) (3b.) **Aszmus Aichler Schuster burger hie Ein Federfechter.**
Adj. 10. Maij.

a.) **Die ersten Reimen tzu der Stanngen.**

«Die Marxbrüder vertrieben die federn gern
Vnnd können Jr doch nit enntbern
Sie sein all nacht der federn fro
sonnste müesten sie ligen auf dem Stro
Vnnd solten den Winntter wol erfrieren
All Manschafft thut die feder zieren
Zu der schreib Jch mich Jn Gottes namen
Trotz euch Marxbrüdern allensammen
Wems nit gefellt vnd wolt mir daz weren
mit dem will Ich mich munder beren¹)

b.) **Die anndern zum Schwertt**

Jch ficht gern aus kurczer Vnnd langer schneiden
mein Kopff kan noch ein guten buff erleiden
Wer mich, mein Löblich hanndwerck, vnnd die herrn von der
                                   feder Veracht
Den schlag Jch auff den Kopff, das Jm der halsz kracht.»

---

¹) d. i. herumschlagen.

4.) (4a.) Georg Grumpach von Glochaw ein Kürszners gesell vnnd ein Marxbruder.

Adj. 17. May.

a.) **Die ersten Reimen zu der Stanngen**

‹Du Edler Löew thue auf deine glider,
Lasz dich den falschen Greiffen nit trucken nider
Weil er mit seinem Stolczen Hochmut vnd Pracht
Die Kayserlich freiheit die Bruderschafft von Sannt Marx veracht
Ob er sich gleich Jnn die Lufft thut Rumb schwingen
So thust du Edler Löw Jm Walld herumb springen
Mit Jm zu streitten ist er bereit
Frisch her vnnd dran dann es ist Zeitt

b.) **Die anndern zum Schwerdt**

Ein schones maidlein hab Jch gefunnden,
Daz hat mir meinen Cranntz gepunnden
Vnnd darneben mich fleisszig gebetten
Jch solt Jn keinem federfechter geben
Vnnd soll sie gewehren Jrer bitt
Dieweil sie haben kein freyheitt nitt.›

5.) (4 b.) Hanns Schuler von Statt Eschenbach ein Schuchmacher vnd Federfechter.

Adj. 24. May.

a.) **Die ersten Reimen zu der Stanngen.**

‹Euch desz Löewen brüeder bitt Jch gar schon
Wollt mir vff dieser meiner schul heut nichts than
Jch förcht es werde on ein Strausz nicht gehen aus
Drumb Jr Löewen brüeder kompt fein munder vnnd ziecht euere
            dicke wammester aus,
Jr des Loewen brüeder muest mich recht verstan
Mein Kopff vnnd die halb stanngen mus am ersten dran.

b.) **Die anndern zum Schwertt.**

Mit freuden aus frischem freyen mut thue ich mein schwertt
            schwingen
Jch ficht gern aus Kurtzer vnnd lannger klingen
Kein schonere kunst ist auf dieser Erdt
Dann wann man ficht aus freyer kunst Jm Lanngen schwerdt.›

6.) (5a.) Steffan Christan von Nürmberg ein Kanndelgiessersgesell, vnnd ein Marxbruder.

a.) Die ersten Reimen zu der Stanngen.

‹Schwing dich auf Loew du Edels Thier
schaw dich für dem falschen Greiffen für,
der mit seim Hochmut vnnd Stolczen pracht
Die Bruderschafft von Sannt Marx veracht,
Derhalben Will Jch mich heut zu Ehren
Mit den federfechtern munder rumb Beren
Drumb frisch her Jnn Gottes Namen
Wir wolln ein annder schon empfanngen.

b.) Die anndern zum Schwertt.

Frisch her Ir federfechter an diesen Tanntz
es gillt ein schonen Rosen Kranntz
Ich hab mir ein pletzlein lassen Kheren
Darauf wöllen wir aneinander Rumb beren
Ich hoff es soll mir heüt gelingen
Darumb thue Jch mein schwertt auf schwingen.›

7.) (6a.) Augustin Staidt ein Messerer[1] vnnd Federfechter.
Adj. 14. Junij.

a.) ‹Jch bin ein Kaufman klein ist mein gewin
Schleg vnnd stösz die gib Jch hin,
Straich vnnd Büff nim Jch dran
Mit einem eisern Flederwisch kher Jch den Staub daruon.

b.) Die anndern zum Schwertt.

Frisch her zu mir alls Jch zu dir
Neczt du mir. So scher Jch dir
begert mich einer zuuerleczen
Er mus mir souiel dran setzen,
Wer mich vnd mein Loblich hanndwerck veracht
Den schlag Jch auf den Kopff daz Jm daz hercz Kracht.›

------

[1] d. i. Messerschmied.

8.) Deboldt Boll Schuchknecht von Nürmberg, jetziger Zeit Churfürstlicher Sechssischer Trabannt, ein federfechter.

Adj. 23. Juny.

a.) **Die ersten Reimen zu der Stanngen.**

«Frisch her vnnd Keckh ich hab vernommen
Es seinnd frembd fechter von Culmbach kommen
Den Thut es so leden Zorn,
Daz mir die heuttig schul ist worn
Vnnd wollen mich drumb abpleyen
Jch gib nichts drumb es soll sie gereuhen
Jch ficht Jn Lanng vnnd kurtzer schneidt
Vnd wehr mich Mannlich meiner heutt
Vnnd thue nichts nach mein feinden fragen
Wie daz gemein Sprichwortt thut sagen
Welcher da wilde Schwein will hetzen
Der musz hundsköpff dran setzen.

b.) (7a.) **Die anndern zum Schwertt.**

Jnn meine hanndt nim Jch daz schwert
Wie es der Marxbruder an mich begert
Ficht Jch mit Jm on allen Zorn
Vnnd schlags munder zwischen die ohren
Daz sich die schwertter zusammen schwingen
Vnnd die Roten plumen vber die Nasen Rinnen
Trifft du mich so lasz Jchs geschehen
Fehl Jch dein du wirsts wol sehen.»

———————

9.) (7b.) Christoff Jung von Presszlaw, ein Kürszners gesell vnnd ein Marxbruder.

Adj. 5. Julij.

a) **Die ersten Reimen zu der Stanngen.**

«Ein Marxbruder bin Jch worn
Daz thut den federfechtern Zorn
Dann Jch gedennck was vmb ein gennszfeder mag sein
Man Liehe mir nit drauf ein halb seidlein wein,
Was solt Jch dan haben der Gennszfedern ehr
Schillt vnnd helm ziern mich viel mehr
Die Kayserlich Mayestat Marxbrüedern thut geben
Die nach solcher Ritterlicher kunst streben

11

Dann Gennszfedern vnnd Khil
Braucht man nit zum Ritterspil
Dann hert federn dinn Pappier schwartze Dinnten
Soll man Jnn den Schreibstuben finnden.

b.) Die anndern zum Schwertt.

Du Edler Marx bist preisens vol
Weil dein Hauff klein vnnd hellt sich wol
Auch von Kayserlich Mayestat ist auf gericht
(8 a.) Drumb hab Jch mich zu dir verpflicht,
Von deinet Wegen will Jchs Wagen
Will manchen federfechter helffen zwagen
Mit Stahl vnnd vngeprenndten Aschen
Wöllen wir einannder schmeisen auf die prott daschen.»

10.) (8 b.) Georg Lenncker Goldschmidt von Ludwigschargast Ein Federfechter.
Adj. 12. July.

a) Die ersten Reimen zu den Stanngen.

«Auf diesem ganntzen Erden kraisz
kein Edler Creatur Jch waisz
Die Yedesmals geboren ward
Alls nur den Edlen greifen zart
Welcher mit seiner Manheit starck
beczwingt sein feinndt den Loewen arck
Erwirbt dardurch mit seinem flcisz
der Edlen feder Lob vnnd preisz,
Drumb Edler Greif der feder zu ehren
so Will Jch mich heut Mannlich wehren
Dann Jch verhoff mit meiner hanndt
Vnnd mit hilff Gottes beystanndt
der Tollen Marxbrüeder Muttwillen
Mit meinem schwertt gar wol zu stillen
Wer mich daruon zu treiben begert
Der hab nur achtung auf mein schwertt

Nach solchem nam er ein schwert Jn die hanndt vnnd sagt

(9 a.) Jch stell mich für Jnn Gottes namen
Vor euch Marxbrüedern allen samen
Mit euch zu fechten Jnn allen wehren
Der Edlen feder zu Lob vnnd Ehren

Durch eines Erbarn Raths Vergunst
Ausz freyer Ritterlicher kunst,
Mich heutt zu freyen diesen Tag.
Welcher mich nun Probirn mag
Der komb herbej Vnnd heb frisch auf
Jnn Gottes Namen schlag Jch drauf
Nun Edler Greif da gelob Jch an
Dir vnnd der federn bey zu stan
So lanng dieweil Jch hab daz leben
Vnnd mir Gott thut genade geben
Das Jch mag füeren mit bestanndt
Daz Löblich schwertt Jn meiner hanndt.

b.) Die anndern zum Schwertt.

Die Marxbrüeder seinnd von Mennschen erdicht
Göttliche Mayestat hat die federn aufgericht
Jr Lob Jst ausz zu sprechen nicht
(9b.) Drumb hab Jch mich zu Jr verpflicht
Mit der federn wil Jchs auch hallten
Vnnd es allain Got lassen wallten
Sollt mir drob werden mein Kopff zuspallten
Drauf thue Jch heut Mein erste schul hallten,»

Vnnd stunden vnnder seinnen briefen Diese Vers,

«Wer diese Kunst will sehen gern
Der komb hinauf zum gulden Stern
Vngefehr zwo stunnd vor Mittag
So finndt er platz souiel er mag.»

11.) (10a.) **Georg Spiesz von München ein hafner vnnd Marxbruder.**
Adj. 19. Julij.

a.) Die ersten Reimen zu der Stanngen.

«Frisch her vnnd dran
Auf den abent sicht man wers best hat than
Der Goldtschmidt wollt mich am Sonntag fressen vnnd schlagen
Vnnd hat selber die Büff von der schul weg tragen,
Vnnd sagt wir sinndt erdicht
Jr federfechter seidt von Kayserlich Mayestat aufgericht
Daz hast du Reimen weisz ein her zogen,
Aber Jch sprich es sej weit erlogen

11*

Drum Merck mich recht durchaus
Zeuch mir den Freyheits brief vnnd Sigel heraus,
Gleichwol die rechten herrn vonn der federn
hallt Jch mit Jrer schrifft vnnd annder kunst Jn ehren,
Aber auf die ein geflickten federfechter will Jch alle zeitt beren,

 b.) (10b.) **Die anndern Reimen zum Schwertt.**

Jch schwinng mein schwertt Jn diesem hausz
Kompt her, Jr federfechter treibt mich naus,
Vor mir habt Jr weder rast noch ruh
schont mir der schwertter schlagt sonnst fein wacker zu,
Ob sich schon der greif Jn der lufft thut aufschwingen
So thut der Loew Jm waldt herumb Sprinngen
Mit Jm zu streitten ist er bereitt
Auf Auf, Jr federfechter es ist Zeitt
Klöpper dich hafenscherber, dumel dich Kürsznersknecht
Kompt her, Jr federfechter treibt mich weg.»

12.) (11b.) **Thoma Han von Lübeckh ein Tuchferber vnnd federfechter.**
Adj. 26. Julij.

 a.) **Die ersten Reimen zu der Stanngen.**

«Frisch her Jch hab vernommen
Es seinnd frembde fechter kommen,
So kompt heut Jr Marxbrüeder vf meinen Tanntz
Wir wollen fechten vmb ein Rosen Cranncz.
Mit Kurtzer scharpffer klingen
Daz Vnns daz plutt vber die Ohren soll herab Rinnen
Du federn, du bist preissens Vol
Daz hortt man an allen ortten wol,
Darbej will Jch auch pleiben,
Vnnd soll mich kein Mennsch daruon treiben,

 b.) **Die anndern zum Schwertt.**

Die Edel federn schwinng Jch auff
(12a.) Von deinnet wegen schlag Jch drauff
Jch treff oder werdt getroffen
Auf Gottes beystanndt thue Jch hoffen,
Wer mich, mein ehrlich Hanndwerck, vnnd die herrn Von der
 feder veracht,
Den schlag Jch zwischen die Ohren das Jm der halsz kracht.»

13.) (12b.) **Cunradt Fridweg ein Altreisz*) vnd Marxbruder.**
Adj. 2. Augustj.

a.) **Die ersten Reimen zu der Stanngen.**

‹Die Marxbrüeder mit Jrer kunst
haben bey Fürsten vnnd herrn gunst
Auch bey Römisch Kayserlich Mayestat Freyheit vnnd ehr
Daz Vberkommen die federfechter nimmer mehr,
Drumb frisch her Jr federfechter on allen schertz
Vnnd wer dann hat ein Mannsz hertz
Der Kom herauf auf disen plan
So wöllen wir sehen welchers am pesten kan
Vnnd aneinannder vmb den Kopff gehen wie der Püttner Vmbs fas,
Wers nit wol kan, der lerne es basz.

b.) **Die anndern zum Schwertt.**

Du edler Loew, nun schwinng dich auf,
(13a.) Von deinet wegen schlag Jch drauf
Jch dreff, oder werde getroffen
Auf Gottes beystanndt thue Jch hoffen
Der Wölle mich auch heut beschützen
Von wegen der Bruderschafft von Sannt Marx Lasz ich mich
heut Nützen.›

14.) (13b) **Wilhelm Aichler ein Schuchmacher vnnd Federfechter.**
Adj. 9. Augustj.

a.) **Die ersten Reimen zu der Stanngen.**

‹Jr Marxbrüeder troet mir ausz stoltzem mut
Jr wolt mich schlagen daz mir der kopff plutt
so kompt nur her. an diesen Tanntz
es soll nit gellten einen Rosen kranntz
sonnder daz Rot plut auf dem Haupt
Daz eſm zu thail wirdt ders Jetzt nit glaubt
Dann wer mich an meinem Leib will verletzen
der mus nur ein dicken Marxbruderskopf daran setzen.

b.) **Die anndern zum Schwertt.**

Frisch her Jr Marxbrüeder zu mir geschwinndt
Souiel alls euer zu Nürmberg sinndt

---

*) d. i. ein Flicker alter Schuhe und Stiefel.

Mit euch zu fechten steet mein begir
Drumb hebt auf. Vnnd fecht dapffer mit mir
So wollen wir einannder ausz klopfen daz Leder
(14 a.) Dieweil Jr stets naget an der Feder,
Vnnd wollt die gar zureissen
So musz man euch auf die grossen meuller schmeisszen.
Das darüber laufft daz plutt
Solche kappen seinndt euch Marxbrüedern gut.»

15.) (14 b.) Hainrich Doll von Puchholt ein Niderlendischer Tuchferber Vnnd Marxbruder.

Adj. 16. Augustj.

a.) Die ersten Reimen zu der Stanngen.

«Schwing dich auf du Edler Loew Jn deinem krausen har,
Vnnd nim dir desz greiffen eben war,
Das er dich nit thue Vnndertrucken
Mit seinen argen böesen Stücken
Der mit seinem grossen prall vnd Pracht
Die frey Kayserlich Bruderschafft von Sannt Marx so gar veracht,
Ob sich gleich der Greiff thut Jm lufft herumb schwingen
So thut der Löw Jm waldt herumb sprinngen,
Will er dich Kratzen oder peissen
So thue Jn Dapffer vf sein schnabel schmeissen
So mus er wider fliehen Von dir,
Vnnd hast du Löw den ganntzen waldt an dir   [hallten
Drumb will Jchs mit dir, Vnnd der Bruderschafft Von sannt Marx
Sollt mir darob werden mein kopff zurspalten.

b) Die anndern zum Schwertt.

Frisch her. Jr federfechter an diesen Tanntz
(15 a.) Es gillt mir Vnnd euch ein schönen Rosen krantz
Jch ficht mit euch aus kurtzer vnnd lanngen klinngen
Daz Vnns die Roten plumen Vber die nasen rinnen.
Meinem kunstreich Löblichen Handwerck zu ehren.
Vnnd die Kayserlich Bruderschafft von Sannt Marx zu mehren.»

16.) (15 b.) Hanns Weysz ein Schuchmacher von Nürmberg vnnd ein Federfechter.

Adj. 23. Augustj.

a) Die ersten Reimen Jnn der Stanngen.

‹O Du armer Marx, du must heut Nunnder
Die federn ist Leücht. vnnd hellt sich munder
Ob schon deine brüeder sich machen willdt
Werdens doch offt von der federn gestillt.
Drumb ehe Jch wollt ein Marxbruder sein
Ehe wollt Jch nimmer drinncken Wein
Wer mich drumb will verletzen
Der Musz sein kopff an meinen setzen.

b.) Die anndern zum Schwertt.

Frisch her All Jr Marxbrüeders Tropffen
Wir wöllen einannder die haut auszklopffen
Vnnd fechten ausz kurczer vnnd lannger schneiden
Mein kopff kan noch wol ein buff erleiden
Trifft mich schon ein Marxbruder schalck
Jch schlag Jn wider auf den palck
Fecht Redlich. vnnd peltz dapffer zu
(16 a.) schaw. Ob Jch deiner fehlen thue.›

17.) Wilhelm Seidenpanndt von Kempten ein Schwartzferber. Vnnd Marxbruder.

Adj. 30. Augustj.

a) Die ersten Reimen Jnn der Stanngen.

‹Frisch her vnnd dran
secht was Jch vnnd mein Vorfechter kan
Wer mich vnnd sie will vertreiben
der Musz viel stösz vnnd büff erleiden.

b.) (16 b.) Die anndern zum Schwert.

Jch schwing mich auf im Namen Jhesu Christ
Jch förcht kein federfechter wie willt er ist
Ist einer so willd alls ein Beer
So fürcht Jch Gott Jm Himel. vnnd kein federfechter
nimermehr
Jch wil Ob der Bruderschafft von Sannt Marx hallten
Vnnd sollt mir werden mein kopff zerspallten.›

18.) (17a.) **Petter Fischer ein Holtzdrechssel vnnd Federfechter.**
Adj. 6. September.

a.) **Die ersten Reimen Jn der Stanngen.**

«Die edle feder hat daz Lob
schwebt allen Ellemennten ob
Dem feuer. Wasser. Lufft vnnd Erdt
Wirdt auch von Fürsten vnnd herrn geehrt
Drumb mus den Marxbrüedern besser glücken
Wölln sie die federn Vnndertrücken.
Dle feder mus doch schweben ob
Vnnd für Jnen behallten daz Lob,
Wer die federn Vnehrt, der ist nicht werdt
Daz er ein schwerdt soll füeren auf Erdt,

b.) **Die anndern zum Schwerdt.**

Jch schwinng mich Jm Namen Jhesu Christ
Der alle Zeitt mein schutzer ist.
Die Marxbrüeder lauffen nur gern ein
Vnnd schlagen wie die Trescher drein
Der Fuchsschwenntz steckens souiel ein
(17b.) Das Jnen die Wammes werden zu klein
Darauf sie khün sein. vnnd wagens drein
Wie gering vnnd klein ire künst sein
Jr Marxbrüeder habt Jr ein Mannszhertz
So fecht nach Jnnhalt des Lanngen schwerts
fein lang. steet wol Jn allen wehren
Wer künstlich ficht den soll man ehren
Frisch her. bieg Jch mich nicht, So biegt sich mein schwert
Dannoch bleib Jch eins ehrlichen federfechters werth.»

———

19.) (18a.) **Caspar Bacher von Dreszen ein Marxhruder.**
Adj. 13. September.

a.) **Die ersten Reimen Jnn der Stanngen.**

«Frisch her Jr feder fechter mit euerm grossen prallen vnnd
prachten
Jr thut die Marxbrüeder so gar Verachten
Vnnd konnt. vnnd mögt doch dieselben mit vertreiben
Daz ist mannchem federfechter ein grosses leiden
Die Romisch Kayserlich Mayestat hat den Marxbrüedern geben
schillt, helm vnnd Ehr,
Das Kriegen die von der federn Nimmer mehr

Es thut sich auch mancher Von der feder nennen
Vnnd kan kein Buchstaben schreiben, lesen noch kennen
Ein Marxbruder bin Jch worn
Das thut Mannchem feder fechter zorn
Vnnd wann Jn gleich prech hertz mut vnnd sin
So pleib Jch ein Marxbruder wie vorhin.

b.) **Die anndern zum Schwertt.**

Jch schwinng mich auf Jm Namen Jhesu Christ
(18b.) Jch förcht kein federfechter zu aller frist
Er sey gleich Lanng kurtz oder dick
So ficht Jch mit Jm auf gut gluckh
Trifft mich einer So lasz Jchs geschehen
Fehle Jch sein Man wirds wol sehen
Meinem hanndwerckh. Vnnd allen Marxbrüedern zu ehren
So will ich mich heut diesen Tag Meiner heut dapffer wehren.»

20.) (19a.) **Hanns Hagenmüller vom hoff ein Schreiner vnnd federfechter.**
Adj. 20. Septemb(ri)s.

a.) **Die ersten Reimen zu der Stanngen.**

«Jch schwinng mich auf Jn Gottes glückh
vor keinem fechter Jch erschrick
Er sej gleich kurtz lanng oder dickh
So ficht Jch mit Jm all augenplickh.

b.) **Die anndern zum Schwertt.**

Frisch her Jhr Marxbrüeder an diesen Tanntz
Wir wollen fechten vmb ein Roten Rosen kranntz
Das die schwertter klingen
Vnnd die Roten Rosen vber die Nasen rinnen
Wer daz Glückh hat wird vff den Abent sinngen.»

21.) (19b.) **Jacob Kreiser ein Kürsznersgesell von Dantzigk ein Marxbruder.**
Adj. 27. September.

a.) **Die ersten Reimen Jnn der Stanngen.**

«Du Edler Loew thue auf deine glider
lasz dich den falschen Greifen nit trucken nider
Weil er mit seinem stoltzen Hochmut vnd pracht
Die Bruderschafft von Sannt Marx so gar veracht
Ob sich schon der greif thut Jm lufft herumb schwinngen
So thuest du edler Loew Jn dem Waldt herumb sprinngen
Mit Jm zu Streitten ist er bereit
Frisch her Jr federfechter. dann es ist Zeitt.

b.) Die anndern Jm Schwertt.

Frisch her lasz schnappen
es gillt mir Vnnd dir ein guts bar kappen
Es sej gleich trucken oder nasz
Wie es ausz kurtzer vnnd lannger schneiden gerathen mag.»

22.) (20 a.) Hainrich Müllner ein Goldschmidt Vnnd federfechter.
Adj. 4. October.

a.) Die ersten Reimen Jnn der Stanngen.

«Frisch her Jch hab mir lassen sagen
Wie mich die Marxbrüeder wöllen stossen vnnd schlagen,
So thue ich nit viel darnach fragen
Wer weisz wer den anndern thut Jagen.

b.) Die anndern Jm Schwertt.

Jch schwinng mich auf mit meinem schwertt
Jch ficht mit einem wie ers begertt
Vnnd gib mich nit wie weissen horn
Daz thut all meinen feinnden zorn.»

**Nr. V. Fechtzettel aus dem Joachim Meyer'schen Fechtbuche
von 1570.**

(Abdruck nach dem Fechtbüchlein von J. Schmied-Kowarzik
und H. Kufahl, Leipzig 1894 [Reclam], pag. 96—98).

F. F. Zedel.

«Merck wiltu künstlich fechten lehrn,
Solt du mit Fleisz den Zedel hörn:
Ein Fechter soll sich halten fein,
Kein Rümer, Spiler, Sauffer sein.
5. Auch nit Gottslestern noch schweren,
Und sich nit schemen zu lehren,
Gottsfürchtig, züchtig, darzu still,
Sonderlich den tag er fechten will,
Sey meszig, erzeig den Alten ehr,
10. Und dem Weibsbild, auch weiter hör,
Alles tugendt ehr und manlichkeit,
Der sollt dich fleiszen allezeit,
Auff das du dienen könnst mit ehren,
Keyser, König, Fürsten und Herren,

15. Auch nützlich seyest dem Vatterlandt,
    Und nicht der edlen Kunst ein Schandt.
    Jndes, das wort, auch Schwech und Sterck,
    Das Vor und nach auch fleiszig merck,
    Brieff Weich und Hert, das fühlen lern,
20. Trit mit streich, es sey nach oder fern,
    Die theilung halt in guter Hut,
    Vor groszem Zorn auch dich behut;
    Der Huten und der Häuw nim war,
    Das jhr Bruch dir sey offenbar.
25. Ober, Zorn, Mittel, auch under,
    Ausz den treib alle deine wunder,
    Als Schieler, Scheidler, Krump und Zwer,
    Und was mehr stück nach deim beger.
    Schauw das der erst seyst auff dem Blan,
30. Ehe sich dein Mann legt, greiff jhn an,
    Jndes nimm war, versteh mich recht,
    Jhn triff, ehe er sein Leger schlecht.
    Es kom dir für was Leger gut,
    Im Nach jhn triffst ausz freyem Muth.
35. Dein Häuw führ gewaltig von dem leib,
    Zu den vier Blösz dein arbeit treib,
    So du Krumphauwst, fahr auff behend,
    Geschrenckt den ort wirff auff dein Hend,
    Den Zürkel lasz zur Rechten rühren,
40. Halt dein Hend hoch, wilt jhn verführen
    Wann du jhm hauwest Krump zur sterck,
    Durchwendt, Uberlauff damit merk,
    Des Knopffs verführen sollt gedencken,
    Mit Zekrur, Schnellen werst jhn krencken,
45. Mit krump tritt wol, wiltu versetzen,
    Das uberschrencken thut jhm letzen.
    Krump zun flechen wilt dich stercken,
    Wiet jhn schwechst, solt fleiszig mercken,
    Als baldts rührt und glützet oben,
50. Zuck ab zur Blösz, wilt jhn betoben.
    Auch so du recht durchschieszen wilt,
    Krump, Kurtz, durchwechsle an sein Schilt,
    Merk so er dich mit Krump wolt jrren,
    Bleib am Schwerdt, recht den krieg thu führen,
55. Mit Winden, Schneiden, und was mehr,
    Mit verfliegen lasz dich nit zu ferr,
    Auch schnell die schwech zum Rechten dar,

Zwifach schnellen, mit Schilt dich bewar,
Und deins Manns Schilt mit sterck verwindt,
60. Jndes stos ab, und schlag geschwindt.
Den Schielhauw soltu weiszlich machen,
Mit Winden kannst jhn auch zwifachen.
Die Zwürch solt du auch halten werdt,
Damit gantz wirt dein kunst im Schwerdt,
65. Dann alles was er ficht vom tag,
Solchs dir die Zwürch versetzen mag.
Jm angriff treib die Zwürch mit sterck,
Verführen, fellen, auch mit merck,
Zum Pflug und Ochszen sey behendt,
70. Jhm trauw die Zwürck bald wider wendt.
Merck was für Zwürch mit sprung wird gfürt,
Auch fehlest mit, noch wünschen rührt.
Doppel solt den fehler machen,
Deszgleichen Schnitt und Tritt zwiefachen.
75. Vom Schwerdt zum Leib, damit verkehr,
Zweymal oder Schnit in die Wehr,
Nachreisen ist ausbündig gut,
Mit Schneiden, Winden dich behut.
Bey zweymal, oder darinnen,
80. Verfliegen lasz, damit begünne,
Und zu allen wir enden treib die treffen,
Die Zucken lern, wilt du sie effen,
Abschneiden, Schlaudern, bring auch mit
Die herten gfehrt weisz ab mit Schnit,
85. Verlasz dich nit zuvil auff d' Kron,
Du bringst sonst von jhr spott und Hon.
Den langenort durchstreich mit gwalt,
Damit all harte gfert auffhalt.
Sich thu all Hauw und stuck recht brechen,
90. Ob du dich an deim part wilt rechen.
Die hengen thu weiszlichen bringen,
Greiff nit zur unzeit wiltu Ringen,
Wilt du auch wissen der Meister kern
Zu allen stucken recht tretten lern.
95. Versetzest nit vil, ist desta freyer,
Darvor verwarndt dich   Joachim Meyer.»

Nr. VI. 3 Sprüche aus dem Jacob Sutor'schen Fechtbuche von 1612.
(Abdruck nach dem Neudruck des Werkes von 1849 [Stuttgart],
pag. 1. 35. 87.)

1.*

«Warumb Spielleüth gehen vorn an,
Wann Fechter wöllen Schulen han,
Drumb, das sie jhn machen ein Muth,
So einer mit andern fechten thut,
Vmb Gelt, oder ein schönes Kräntzlein,
Wie der Knab tregt am Schwerdte seyn.
Jn dem Fechter Gelt nemmen ein,
Vnder dens trincken wir gern Wein,
Fordern darzu auch vnsern Lohn,
Lahn sorgen, wo sie es her han,
Derowegen ohn Lohn vnd Trunck,
Wir jhn spielen selten genung.»

2.**

«Vetter Wendel gieb gute Acht,
Gestiffelt im tretten wol bedracht.
Dass du nit so blindt schlagest drein,
Beuor einem zum Gesicht hinein.
Sonst wo du es vbersihest,
Vnd eins darüber auffn Kopff kriegest.
Schlag ich hin, da es dich nicht juckt,
Wann auch gleich das Blut springt zuruck.
Dann also tödt ich einem die Läuss,
Wann er sonst will machen viel mäuss.
Zwag einem gern des Kopffs grosse Haar,
So er seiner sachen nicht nimpt wahr.»

3.***

«Mein Bruder thue recht fechten lang,
Dass es zwischen vns geb kein Zanck.

---

*) Über dem Spruche befindet sich ein Bild, zwei Spielleute, rechts einen Pauker und links einen Flötenbläser darstellend; zwischen beiden steht ein junger Mann, der an einem Stabe hängende runde Zeichen — es sind wohl die als Preise für die Fechter geltenden Kränze damit gemeint — in die Höhe hält. Spruch und Bild, welch letzteres sich übrigens noch häufig in ähnlicher Art wiederholt, sind ein deutlicher Beweis für die enge Lebensgemeinschaft und das berufsmässige Zusammenwirken von Fechtern und Spielleuten.

**) Darüber ein Bild, zwei mit dem Dusack (einem breiten, dünnen und leichten Holzschwert) kämpfende Fechter darstellend.

***) Auch hierüber steht ein Bild, das zwei mit dem Stossrappier fechtende Kämpfer veranschaulicht.

Auch im Rappier nicht lauffe ein,
Wiltu vor Schaden gewarnet seyn:
Oder mit werffen vnd ringen,
Sonst wirdts dir vbel gelingen,
Drumb thue ich dirs zuvor sagen,
So was böss gschicht, thues nicht klagen.
Hab nun letztlich diess zum Tranckgelt,
Hinfür komm wider, wann dirs gfellt.
Will ich dirs noch besser machen,
Wo du nicht wahr nimbst deine Sachen. »

Nr. VII und VIII. **Christoff Rösener's: „Ehrentittel und Lobspruch der Ritterlichen Freyen Kunst der Fechter u. s. w."** von 1589 und **Hans Sachsen's: „Fechtspruch, Ankunfft und Freyheit der Kunst"** von 1545. (Die beiden Gedichte sind, das eine als Einschaltung des anderen, hier wiedergegeben nach dem Abdrucke, der sich in K. Wassmannsdorff's Schrift: ‹ Sechs Fechtschulen der Marxbrüder und Federfechter u. s. w. › [Heidelberg 1870] auf pag. 46—58 findet, doch unter Weglassung der dort mitabgedruckten wechselnden Lesarten der verschiedenen Drucke.)

Nr. VII.

Ehren Tittel vnd Lobspruch
der
Ritterlichen Freyen
Kunst der Fechter, auch
jhrer Ankunfft, Freyheiten vnd
Keyserlichen Priuilegien, etc.
Gestellet durch
Christoff Rösener Bürger in Dreszden,
vnd durch Keyserlicher Mayestät Freyheit,
Meister des Schwerts.
Anno 1589.

,Welcher begert berichts genung,
Der Fechter Kunst vnnd jhren Vrsprung,
Der lesz mit fleis dieses Tractat,
Dann er drinn schönen bericht hat,
5. Wer die Fechtkunst hat angefangen,
Auch jhr Befreyhung, vnd wie lang,
Solche Fechtkunst erfunden ist,
Steht alls hierinn, wer fleisig list.

Der wird sich auch verwundern sehr,
10. Was Fechten bringt für grosze Ehr,
Denn die Fechtkunst bey grossen Herrn,
Geruhmet wird, vnd bringt zu Ehrn,
Den, der das Fechten sehr wol kan,
Mag hieruon vnterhal̦tung han.
15. Er kan bey grossen Potentatn,
Hierdurch in grosse gnad gerahtn. »

Zu Ehren Dem Edlen vnd Wolgebornen Herrn,
Herrn Wentzelao auff Schmirsitzky, Herr auff Nacht
vnd Quartz, etc. Meinem gnedigen Herrn. Gottes
gnad vnd segen durch Christum vnsern Erlöser, Amen.
Wolgeborner, Gnediger Herr, das ich dieses *Tractetlein*, die Ritterliche vnnd weitberümbte Kampff vnn
Fechter Kunst betreffend (Der sich Keyser, König,
Fürsten vnd Herrn gebrauchen, auch alle diejenigen,
5. so sich derer Kunst üben, mit *Prouision* vnnd vnterhalt
vorsehen vnd befordern) in Druck gegeben vnnd *Publiciren* lassen, ist nicht ohn erhebliche vrsach geschehen,
Sondern dieweil wie gemelt, grosse Herren vnnd *Potentaten* diese Ritterliche Kunst ehren vnd fordern, Also,
10. das sie von etlichen Keysern mit *Priuilegien* vnnd Freyheiten begnadet worden, das die jenigen, welche diese
Ritterliche Kunst gelernet vnnd gebrauchen, was Marxbrüder sein (Die Feder-Fechter ausgeschlossen) einen
offenen Helm, neben einem starken Lewen führen mügen.
15. Weil mir dann wissend, das E. Gn. selbst diese Ritterliche Kunst üben, vnd an derselben Hoff täglich durch
eigene Fechter brauchen lassen, Als hab ich dieses
Tractetlein (neben einem angehengten Gesangk) darinn
das gantze *Fundament* der löblichen Fechtkunst be
20. griffen, E. Gn. zu Ehren in Druck vorfertiget. Bin demnach in vntertheniger hoffnung, E. Gn. werden jhr dieses
Tractetlein gnedigst gefallen vnd lieb sein lassen (wie
ich auch hierumb vnderthenig bitten thue.) Dann E. Gn.
ich sonst mit nichts bessers zu dem mahl zu vorehren

25. vermüglichen. E. Gn. wollen also zu diesem mahl gnedigst vor lieb nehmen, Mein Gnediger Herr, wie bishero geschehen, sein vnd bleiben. Befehl E. Gn. in Gottes schutz vnd schirm. Geben in Dreszden, den 1. Julij, im 1589. Jar.

E. Gn.

Vnderthen.

Christoff Rösener

Meister des Schwerts.

Bericht vom Fechten.

« Eins mals gieng ich spatzieren weit,
Ins ebne Feld, vnd sah zur seidt,
Ein hübschen Jüngling her spatziern,
Der fraget mich: Kan ich auch jrrn:
5. Auf diesem Weg, da ich jetzt bin:
Da fieng ich an, vnd grüsset jhn:
Er dancket mir züchtiger massn,
Balt trat er zu mir an die strassn.
Da fragt ich jhn, wo er hin wolt,
10. Dasselb er mich berichten solt.
Er sprach: Ich wil hin an den Meyn,
Mich zu Franckfurt da lassen freyn.
Denn ich vor lengest hab begert,
Meister zu sein im langen Schwerdt.
15. Auch sunst in aller Fechter Wehrn,
Denn dadurch komm ich bald zu Ehrn.

Da sagt ich, Ja jhr geht hie recht,
Bleibt auff dem Weg, er ist gar schlecht *)
Der wird euch bringen an den orth,
20. Da jhr hin wolt, geht jmmer forth.
Er fürt euch in die Stadt hinein,
Welch jhr genandt, Franckfurt am Main.
Ich gieng mit jhm eine gute Eck,
Der Jüngling redet frisch vnd keck.
25. Da nam ich vrsach jhn zu fragn,
Und bat jhn das er mir wolt sagn.
Wo doch her kem: der Fechter Kunst,
Vnd jhr Vrsprung, denn ich jhr sunst,

---

*) d. i. schlicht, einfach.

Von jugent auff hett gunst getragn,
30. Der Jüngling thet bald zu mir sagn.
Ja, wenn ich hett mein sach verricht,
Ich wollt euch geben fein bericht.
Wer die Fechtkunst erfunden hat,
Aber ich fürcht, ich komm zu spat,
35. Gen Franckfurt hin, den ich hab zeit,
Mich dünckt, der Weg sey zimlich weit.
Wann ich jetzund vorseumpt die Mess,
So würde ich durchaus vorgessn.
Vnd musz noch warten ein gantz Jar,
40. Das ich euch jetzundt sag, ist war.

Ich sagt zu jhm, ey ich weis rhat,
Morgen frü fahr ich in die Stadt,
Da kan ich euch fein nehmen mit,
Bleibt heut bey mir, das ist mein bitt.
45. Ja wenn ich dieses wer gewis,
Ich mich hierzu vermügen lies.
Ich sprach, gleubt mir ohn allen spot,
Lest mich leben der liebe Gott,
So fahr ich Morgen gwis hinein,
50. Kompt nur her vnd kert bey mir ein.
In Namen Gotts, ich lass geschehn,
Ich wil mit euch jetzt hinein gehn.
Seit mir willkommen in mein Haus.
Leget nur ab, vnd thut euch aus.
55. Man sol euch ein Handwasser gebn,
Auch ein biszlein essen danebn.
Ey mein Herr Wirt, spart jr die müh,
Ich danck, das ich hab Herberg hie
Esst jhr frey vnd last euch nicht grawn,
60. Jhr mügt euch heint mir gantz vertrawn.
Morgen wöllen wir weiter redn,
Von den Fechtern vnd jhrn geberdn.

Ja wils Gott, Morgen wil ich bald,
Berichten recht, doch in einfalt.
65. Ein guten Morgen mein Herr Wirth,
Jhr habt mich recht wol angefürth,
Ich hab geruhet mechtig wol,
Jtzt sag ich euch was ich nur sol,
Ja, Jung Gesel ich hör es gern,
70. Was jhr mir sagt, ich möchts wol lern.

Nr. VIII.

Fechtspruch, Ankunfft vnd Freyheit der Kunst.

> *,Eins Tages ich ein Fechter fragt*
> *Bat jn freundtlich das er mir sagt*
> *Wo doch jr Ritterliche Kunst*
> *Hett jren vrsprungk, der ich sunst*
> 5. *Von Jugendt auff hett gunst getragen*
> *Da wardt er wider zu mir sagen]*)*
> *Die Ritterlich Kunst ist auffkommen*
> *Hat jren ersten vrsprungk genommen*
> *Eh wann Troia zerstöret war*
> 10. *Etwas mehr denn eilff hundert Jar*
> *Vor des Herrn Christi Geburt*
> *Von Hercule erfunden wurd*
> *Der Olimpische Kampff mit nam*
> *Inn dem Lande Arcadiam*
> 15. *Bey Olimpo dem hohen Berg*
> *Inn diesem Ritterlichen Werck*
> *Kempfften zu Rosz nackende Heldt*
> *Wie Herodotus vns erzelt*
> *Welcher denn Ritterlichen kempffet*
> 20. *Die andern mit seim schwerdte dempffet*
> *Derselbig wurdt begabet gantz*
> *Von ölbaumen mit einem Krantz*
> *Inn dem Kampff Hercules erfacht*
> *Grosz lob vnd preisz durch Heldes macht*
> 25. *Vnd auff setzet den Kampff fürwar*
> *Zu halten den im fünfften Jar*
> *Mit grosser Herrligkeit allmal*
> *Nach dieser Olimpischen zal*
> *Die Griechen rechneten jr zeit*
> 30. *Polidorus des vrkundt geit*
> *Als aber nun Hercules starb*
> *Dieser Olimpisch Kampff verdarb*
> *Das er ein zeitlang von den Alten*
> *In Griechenlandt nit wurd gehalten*
> 35. *Den nach dem Iphitus sein Sohn*
> *Hat widerumb auffrichten thon*

---

*) R ö s e n e r musste natürlich den Titel und die Eingangsverse des Hans Sachsischen Gedichtes, sowie die später folgenden zwei Schlusszeilen bei der Aufnahme desselben in sein eigenes Werk wegfallen lassen, da dieselben sonst seine Entlehnung unliebsam verraten haben würden.

Eben gleich in voriger art
Nach dem Troia zerstöret wardt
Der lang ist bey den Griechen blieben
40. Wie Solimus vns hat beschrieben
Nach dem sindt auch in Griechenlanden
Mancherley art Kampffspiel erstanden
Etlich die nackend allenthalben
Mit dem Baumöl sich theten salben
45. Vnd Kampffweisz mit einander rungen
Inn schrancken wettluffen vnd sprungen
Nach dem erfandt König Pyrrhus grosz
Den gewapneten Thurnier zu Rosz
Vud wie man solt inn Ordnung reitten
50. Genannt der Pyrrhisch sprung vor zeiten
Zu solchem kempffn vor langer zeit
Hat Mercurius zu bereit
Die jungen Kempffer in Kampffstücken
Auff dasz jn thet der sieg gelücken
55. Hat also die erst Fechtschul ghalten
Wie vns bezeugen denn die Alten
Diodorus vnd ander mehr
Es war die aller gröste Ehr
Wellicher da ein Krantz erfacht
60. Für alle Reichthumb, gwalt vnd pracht
Dergleichen auch das Kampffspiel kam
Inn die mechtigen Stadt zu Rom
Da Saturnus ein Theatrum bawt
Darinn des Volck dem Kampff zuschaut
65. Auff Merbelstein seulen gesundert
An der zal sechtzig vnd dreyhundert
Das aller gröste Werck genannt
So ward gemacht durch Menschen hand
Darinn mit grosser prechtigkeit
70. Braucht man die Kampff spiel lange zeit
Das auff ein Kampf der Kempfer war
Offt mehr dann inn die tausend par
Sie fachten aber alle scharff
Einer den andern hieb, stach vnd warff
75. Mit schwerdtern, kolben, spiesz vnd pfeil
Jeder hett ein schildtlein jm zu heil
Darmit er sich schützt inn der not
Vil blieben auff dem Kampffplatz todt
Vil hart verwundt die sich ergaben

12*

80. *Mancher art sie auch kempffet haben*
   Auch mit beyheln vnd Vischgarn
   Auch etlich Kempff bestellet warn
   Mit Elephanten, Thiegerthiern
   Mit Parden, Löwen, wilden Stiern
85. *Mit wilden Pferden vnd mit Bärn*
   An den mustens jr Kunst bewern
   On schaden gieng der Kampff nicht ab
   Bey Fidena sich eins begab
   Zu Keyser Tyberij zeit
90. *Das einfiel ein spielhausz gar weit*
   Zweintzig tausend Menschen erschlug
   So zusahen dem Kampffe klug
   Nach dem aber die grosz Stadt Rom
   Zu Christlichem Gelauben kam
95. *Wurden abgeleint die Kampfspiel*
   Dieweil es kostet Blutes vil
   Wider Christlich Ordnung vnd lieb
   Dennoch ein stück vom kampf noch blieb
   Vil Helt kempfften in freyem Feldt
100. *Vnd ritten zamb in finster Wäldt*
   Als Eck vnd der alt Hillebrant
   Laurein, Hürnin Sewfriedt genannt
   König Fasolt vnd Dietrich von Bern
   Theten ein ander Kampf gewern
105. *Als zu erlangen preisz vnd ehr*
   Dergleich vor kurtzer zeit noch mehr
   War noch der Brauch beim teutschen Adl
   Wo einer fandt um andern tadl
   So erfordert er jn zum kempffen
110. *Da einer thet den andern dempffen*
   Ghrüst zu Rosz in Veldt oder schrancken
   Wer lag, der lag on alles zancken
   Zu fusz man auch der zeit noch kempffet
   Gerüst einer den andern dempffet
115. *In drey wehren, schwerd, dolch vnd spiesz*
   Wo einer auff den andern stiesz
   Verwundet oder gar vmb bracht
   Dergleich man scharff vnd nackend facht
   In Wammas, Hembd, mit einem schildt
120. *Solchs als ist worden abgestilt*
   Das solche Kempff verboten hat
   Römisch Keyserlich Mayestat

Maximilianus der Thewer
Aus Christenlicher liebe Fewer
125. *Als ein vnchristenliche That*
Darausz denn kam gar vil vnrath
An Leib vnd auch an seel grosz schaden
Vnd hat mit Freyheit thun begnaden
Fechten die Ritterlichen Kunst
130. *Darzu er denn hett sonder gunst*
Das er auch kundt zu guter masz
Vnd hat Priuilegieret das
Des die Meister von der Geschicht
Ein Ordnung haben auffgericht
135. *Sanct Marxen Brüderschafft genennt*
In Teutschem landt jetzt weit erkennt.

Vnd ist nicht ohn gefehr geschehn,
Denn, weil bey S. Marxen thut stehn,
Ein Löw, wie das die Schrifft beweist,
Darumb S. Marcus wird gepreist,
75. Das er mit gar freudigem muth,
Gottes Wort rein auslegen thut,
Vnd schewet da gar niemand nicht,
Wie der Lew, mit frölichem gsicht.
Kein Thier nicht förcht, sondern ohne schaw,
80. Erwischt er eins, mit seiner Klaw,
Er helts, es sey jung oder alt,
Auch zureist etliches gar bald.
Also hatt S. Marcus ein sinn,
Predigt Gottes wort jmmer hin,
85. Sieht durchaus kein Person nicht an,
Fürcht sich auch nicht für keinen Man,
Gleich wie der Lew mit frischem muth,
Sich nicht schewt, so S. Marcus thut.
Gleicher gestalt die Marx brüder auch,
90. Haben jetzo gleich diesen brauch,
Das sie auch gar mit frisschem muth,
Vmb sich schlan, wie der Lewe thut.
Schewen kein Kempffer oder Helt,
Der nehst der best, jhn wol gefelt,
95. Nemens mit einem jeden an,
Nur frisch frölich thun sie zu schlan,
Drumb führen sie ein starken Lewn,
Thun sich dessen für niemand schewn.

Welcher wil Meister sein des schwerdts
Inn diesem Ritterlichen schertz
Derselb inn die Herbstmesz allein
140. *Ziech hin gen Franckfort an den Mayn*
Alda wirdt er examiniert
Von den Meistern des schwerds probiert
Inn allen stückn hie vnberürt
Was einem Meyster zu gebürt
145. *Fechtens Kunst den verborgnen Kern*
Kan er das meisterlich bewern
Als denn man jn zum Meister schlecht
Sanct Marxen Bruderschafft entpfecht.

Also habt jhr jetzt fein vernommn,
100. Wo die Marxbrüder sein herkommn.

Nach dem mag er auch Fechtschul halten
150. *Auch Schuler lehren vnd verwalten*
Inn allen Ritterlichen Wehrn
Erstlich im langen schwerdt mit ehrn
Messer, spiesz vnd der stangen warten
In Tolchen vnd der Hellenparten
155. *Jedtlichs nach art mit seinen stücken*
So mag in ehren jm gelücken
Wo er schul helt im gantzen Reich
Inn Fürstenstädten der gleich
Durchausz im gantzen Teutschenlandt
160. *Ich sprach: Wie sindt die stück genannt*
Die man musz lehren im anfang?
Er sprach: Der Kunst zu eim eingang
Lehrt man öber vnd vnterhaw
Mittel vnd flügel haw genaw
165. *Auch geschlossen vnd einfachen sturtz*
Den tritt darzu, auch lehrt man kurtz
Den possen vnd ein auff heben
Auszgeng vnd nider legen eben
Ich bat: Lieber Meister zeigt an
170. *Wie nennt man die stück vor dem Mann*
Er sprach: Ob ich dirs gleich thu nennen
Kanst du die stück ons Werck nit kennen
Weil du nit hast gelehrt die Kunst
Doch ich dir ausz besonder gunst
175. *Etlich häw vnd stück nennen will*
Die meisterlich sind vnd subtil

Der zornhaw vnd krumphaw schaw
Zwerchhaw, schillerhaw, scheitlerhaw
Wunder versatzung vnd nachreisen
180. *Vberlauff, durchwechsel etlich heissen*
Schneiden, hawen, stich im winden
Abschneiden, hengen vnd anbinden
Die Kunst helt inn vier leger klug
Alber, Tag, Ochs vnd den pflug
185. *Noch sindt der stück vil alle sander*
Das jmmer eines bricht das ander
Doch inn dem alln ein Fechter merck
Auff die vier blosz, auff schwech vnd sterck
Der höchster rhur allmal war nemb
190. *Sein zoren selber brech vnd zem*
Noch sindt vorhanden vil Kampfstück
Wie man ein werffen soll an rück
Beinbrüch, Hodnstösz vnd armbrechen
Mordstösz, fingerbrüch, zum gsicht stechnn
195. *Ich sprach: Ich bitt euch, sagt mir auch*
Weil kempfen nit mehr ist im brauch
Was ist die Kunst des fechtens nütz
Er sprach: deiner frag bin ich vrdrütz
Lasz Fechtn gleich nur ein Kurtzweil sein
200. *Ist doch die Kunst löblich vnd fein*
Adelich, wie stechn vnd Thurniern
Als saitenspiel, singen, quintiern
Vor Frawen, Rittern vnd vor Knechten
Wo man ein lustig spiegel fechten
205. *Ziert mit manchem artlichen sprungk*
Das erfrewet noch Alt vnd Jung
Auch macht fechten wer es wol kan
Hurtig vnd thätig ein jungen Mann
Geschickt vnd rundt, leicht vnd gering
210. *Gelenck, fertig zu allem ding*
Gen dem Feindt bhertzt vnd vnuerzagt
Tapffer vnd keck ders Mannlich wagt
Kün vnd groszmütig inn dem Krieg
Zu gewinnen lob, ehr vnd sieg
215. *Macht mit jm keck ander wol hundert*
On not des fechtens Kunst dich wundert
Weil auch erlangt die ehrlich Kunst
Bey Fürstn vnd Herrn gnad vnd gunst
Prouision vnd dienst allzeit

220. *Auch wirdt mancher Fechter gefreit*
Von Fürstn oder Köngklich Mayestat
Das er macht Schul zu halten hat
Samb er ein gschlagner Meister sey
Mein Freundt nun hast vermercket bey
225. *Mit kurtzen worten gar genung*
Der löblichen Kunst vrsprung[1])
Inn grosser wirrd gehalten lang
Auch wie sie jetzundt sey im gang
Darmit mannicher Meister mehr
230. *Erlanget gleich den Alten Ehr.[2])*
[Das die Kunst zu nemb blü vnd wachs
In ehr vnd preisz das wünscht Hans Sachs'.
Anno Salutis, 1545 am 25. Tage Junij.

————————}*)

Drumb zieh ich jetzund hin allein
Auff die Messz, gen Franckfurt am Mayn.
Wil mich da von den Fechtern werdt,
Lassen schlan zum Meister im Schwerdt.
105. Sie werden mich öffentlich führn,
In jhren Platz, vnd da *Probirn.*
Wann ich da auff der *Prob* besteh,
So vorhindert mich denn nichts mehr.
Werd als dann zum Meister erkorn,
110. Vnd wann ich jhnen hab geschworn.
So zieh ich wider meine strassn,
Vnd thu mich des Fechtens an massn.
Mag das brauchen durchs gantze Landt,
Vnd wenn ich gleich bin vnbekand,
115. Dennoch brauch ich die Ritterkunst,
Vnd krieg also durchs Land viel gunst.

Mein jung Gesell sagt mir doch auch,
Was helt man denn für einen brauch,
Zu Franckfurt in der werden Stad,
120. Daruon jhr mir viel gesagt hat.

---

[1]) Diese Zeile lautet bei Rösener: «Der Fechter Kunst, vnd jhrn vrsprung».
[2]) Die beiden Zeilen hat Rösener folgendermassen geändert:
«Damit auch mancher Meister mehr,
Durch die Fechtkunst erlangt gros ehr.»
*) Vergleiche die Anmerkung Seite 178.

Wann nun ein Fechter kompt hinein,
Wolt gern ein Meister im Schwerdt sein.
Bey wehm mus er sich geben an,
Der jhn kan zu eim Meister schlan.
125. Was helt man denn für ein *Proces*,
Zu Franckfurt in der grossen Messz.

Mein lieber Wirth, ich wil euch ebn,
Auff ewer Frag gut antwort gebn.
Ob ichs schon selbst gesehen nicht,
130. Doch gebn mir die Alten bericht.
Das: wann ein Fechter hinein kumpt,
Vnd derselb den bericht ein nimpt,
Wo er antreffe den Hauptman,
Mus er sich bey ihm geben an.
135. Vnd mus werben zun Vier Meistern,
Die werden jhn alsbald heissen.
Das er mus thun die *Proben* haw,
Die Fünff thun jhm alle zuschawn.
Wann er besteht in solcher *Prob*,
140. So wird die sach da auff geschobn.
Bis auff den Sontag in der Messz,
Da wird er denn mit nicht vorgessn.

Sondern er wird da vorgestelt,
Für alle Meister, wie ein Heldt.
145. Die mus er da alle bestehn,
Keiner lest jhn für über gehn.
Er mus mit jedem aus dem Schwert
Fechten, wers nur an jhn begert.

Wann er in der *Prob* ist bestandn,
150. So nimpt man jhn als dann zu handn.
Vnd lest jhn knien auf die Erdt,
Da wird er mit dem Parat Schwerdt.
Vber seine Lenden Creutzweis:
Geschlagen, auffs Hauptmans geheis.
155. Er mus auch wie die andern pflegn,
Zween Goltgülden auff das Schwerd legn.
Da thut man jhn ein Fechter nennen,
Vnd für ein Meistr im Schwerd erkennen.

Wann er nun dieses hat gethan,
160. Mus er auch schweren dem Hauptman.
Das er die zeit bey seinem lebn,
Sein Meistrschafft nicht wil vbergebn.

Wann er nun durchaus so besteht,
Druff er die heimligkeit[1]) empfeht,
165. Vnd bleibt also Meister im Schwerdt,
Die Fechter halten jhn Lieb vnd werdt.
Nun werdt jhr habn vernommen recht,
Wie man einen zum Meister schlecht.
Ja ich habs recht genommen ein,
170. Jch möcht wohl selbest dabey sein.

Mein halt mir noch zu gut ein frag,
Mein grobheit mit gedult vortrag
Weil man die Kunst rhümet so sehr,
Wie das denn sonst kein Keyser mehr.
175. *Die Marxbrüder befreyet macht
*Dann Friederich, wie vor gesagt
*Nach Friederich Maximilian
*Nam sich der Marxbrüder widr an.
*Das der löblich Keysr Maximilion
180. *Wie ich mit warheit sagen kan[2])
Jm Tausent vnd Vierhundert Jar,
Sieben vnd achtzig dis ist war
Am zehenden Monats tag May,
Zu Nüremberg, wie ich meld hie.

185. Dis *Priuilegium* thun vernewrn,
*Durch Maximilion der thewern.[3])
Als man Tausent fünffhundert zalt
Vnd zwölff Jar, ich euch nicht verhalt,
Den Siebn vnd zwantzigstn September,
190. Hat auch mit lust ohn all beschwer.
Die Keyserliche Mayestat,
Zu Cöllen in der grossen Stadt,
Maximilian genennet wird,
Die Marxbrüdr auch *Priuilegirt.*

---

[1]) Das sind gewisse besondere und von den Fechtmeistern geheim gehaltene, bis zur Approbation ihren Schülern vorenthaltene Kniffe und Kunsthiebe der Fechtkunst.

[2]) Diese sechs Zeilen sind über den ersten Druck übergeklebt; sie lauteten nach dem Exemplare der Weimarer Hofbibliothek ursprünglich:

«Die Marxbrüder befreyen kan,
Denn der thewr Maximilian.
Nach dem thewren Maximilian,
Hat sichs vngefehr zugetragn.
Das der loblich Keyser Friedrich
Wie ich euch geb ietzo bericht»
u. s. f.

[3]) Auch diese Zeile ist über den alten Druck geklebt; sie lautete nach dem Weimarer Exemplare früher: «Nach Maximilian dem thewrn».

195. Zv dem, als man auch hat gezalt,
Tausent, Fünff hundert, vnd als bald,
Sechs vnd sechtzig, im Monat Mey
Den sechsten, ich euch sag hierbey,
Sind die Marxbrüder nach der Wahl,
200. *Priuilegiret* noch ein mahl.
Vom Keyser Maximilian,
Wie ich euch jetzo zeige an,
Jst in Augsburg der Stad geschehn,
Wie menniglich da hat gesehn.

205. Jetzt nun mehr hat Rudolff der Keysr
Den Marxbrüdrn die gnad thun bewisn,
Weil sies haben vor wenig zeit,
Gesucht in vnderthenigkeit,
Die ersten Brieff new *Confirmirt,*
210. Vnd sie wieder *Priuilegirt.*
Geschach im Neun vnd siebntzigsten Jar,
Der weniger Zahl sag ich fürwar,
Den Zehenden tag Julij,
Das hab ich müssen melden hie.
215. Auff des Keysers Burg der Stad Prag,
Drumb merckt mit fleis, was ich euch sag.
Hieraus künd jhr nun schliessen fein,
Das die Fechtkunst geehrt mus sein.

Weil jhr mir denn auff mein frag ebn,
220. So richtigen bescheid hat gebn.
So dörfft jhr mich bereden bald,
Wann ich nun mehr nicht weer zu alt,
Das ich lernet die Fechterkunst,
Weil sie bringt Ehr vnd grosse gunst.
225. Dis thu ich gern, wolt jhr nu fein,
Was ich euch weise gehorsam sein.
Das wil ich thun zu jeder zeit,
Euch folgen mit bescheidenheit.
Jhr werdet aber zuuor ebn,
230. Gar ein wenig anleitung gebn.
Wie ich mich drein vorhalten soll,
Das ich die Fechtkunst lerne wol.
Weil jhr denn dis jetzt thut begern
So wil ich euch hierein gewern!
235. Merckt nur fleisig, was ich euch sag,
Vnd lernets heut, auff diesen tag.

Gott geb vns Glück zur Fechter Kunst,
Dann sie bey grossen Herrn hat gunst.
Jn Gottes gwalt wolln wir vns gebn,
240. Jn seim Namen zu Fechten anhebn.
Herr Gott vorley vns Gnad vnd Gunst,
Recht zu gebrauchen die Ritterkunst.
Das jhr dieselbe mögt wol lern.
Damit euch grosse Herren ehrn.
245. Wolt jhr lernen Fechten künstlich,
Solt jhr mit fleis fürsehen euch.

Zvm ersten schempt euch nicht zu lernn,
Sondern thut stetts übung begern.
Wenn jhr wolt gehen zu der Lehr,
250. So grüst die Meister vnd Schüler.
Vnd wann jhr auff die Schule kompt,
Schawt das kein frembder mit euch kümpt.
Er kan denn ein Schulrecht bestehn,
Mit dem Meister drey Genge gehn.
255. Balt jhr euchs Fechten nemet an,
Kein Nestel sol sein zugethan,
Auch kein Dolch an der Seiten dran,
Vnd gar nichts auff dem Heupte han.
Nempt keinem aus der Hand sein Wehr,
260. Bit erst vorlöbnis vom Meister.
Halt fest die Wehr, lasz keine falln,
Falt auch selbst nicht, seid bdacht in alln.
Auch mit vngstüm kein Wehr zerschlagt,
Mit sittn ewr arbeit vortragt.
265. Solt auch durch aus keins andern spottn,
In der übung, es ist verbottn.
Auch solt jhr keinen blutig schlan,
Der erst zu fechten fehet an.
Wann auch nun frembde Schuler kemn,
270. Auff den Lehrplatz, solt jhr vornemn.
Das jhr keinen verspotten wollt,
Umb ein par straich jhr Fechten sollt.

Oder vmb einen schönen Crantz,
Macht euch nur her an diesen Tantz,
275. Oder nach erkentnis der Massn,
Von Meistr vnd Schulr euch straffen lassn.

Wer nicht wil ein gehn den inhalt,
Der pack sich von der Schule bald.

Er sol die Schuler vnd Platz meiden,
280. Vneinig Gselschafft sol man nicht leidn.
Werd jhr euch halten nach der Lehr,
Ihr werdt des Fechtens haben Ehr.

Ey ich bin jetzt nun fein bericht,
Durch aus ich mich nun euch vorpflicht,
285. Wil euch auch meinen Meister nenn,
Wolt mich für ewren Schuler kenn.
Ich wil euch thun gar kein vordreis,[1]
Lernt mich das Fechten nur gewis.
Was jhr als denn begert fürs lohn,
290. Sol euch gereichet werden schon.
Nun wie gefelt euch jetzt der streich,
Meister ich durch aus gar nicht weich.
Das springen steht mir zimlich an,
Wil aber sonst künstlich zuschlan.
295. Ich wil euch jetzt noch mehr stück weisn,
Das man euch sol ein Fechter preisn.

Mein Schwerd thu ich jetzt auff heben,
Haw durch aus vnten oder oben.
Denn gar recht Fechter brauch treib ich,
300. Vnd könt also probieren mich.
Aus recht artlicher Meisterschafft,
Auch aus der rechten Künsten krafft.
Hierzu brauch ich auch das Rappir,
Stumpff, scharff, wie mans begert von mir.
305. Damit thu ich mein Feinde putzen,
Vnd auch mein Leib damit zu schutzn.

Jetzt habt jhr nun mehr gantz vnd gar,
Die Fechtkunst weg, sag ich vorwar.
Ihr werd nun geben mir mein Lohn,
310. Ich wil forth, denn ich mus daruon.
Ich möchte sonst zu lange sein,
Der Weg ist lang bis hin an Meyn.

Meister, da habt jhr ewren Solt,
Weil jhr denn nun gar fort wolt,
315. Nempt auch für gut was ich euch gthan,
Im zurück ziehn, sprecht mich widr an.
Doch sagt mir vor, wie ich zu mahl.
Schul zu halten anschlahen sol.

---

[1] d. i. Verdruss.

Ich wil euch fein berichten der sachn,
320. Kein Fedr Fechter last euch jrr machn,
Bleibt nur in vnser Brüderschafft,
Denn die haben durch den Lewen krafft.
Wann sie schon wider euch anschlagn,
So thut mit wenig worten sagn.
325. Weil Keyserliche Mayestat,
Die Marxbrüder Priuilegiret hat
Vnd nach dem andre Keyser mehr,
So bleibn wir Marxbrüdr wol in ehrn.

Ja Meister, ich wils euch zu sagn,
330. Das ich alle mein lebe tagn.
Wil bleibn bey der Marxbrüderschafft,
Kein Fedr Fechter an mir nicht hafft.
Ich gebe euch hierauff meine handt,
Vnd meinen Eydt, habt euch zu pfandt.
335. Ich wil stehen gleich wie der Lew,
Vor kein Fedr Fechter trag ich schew.

Nvn hierauff wil ich euch jetzt sagn,
Wann jhr wolt eine Schul anschlagn.
So solt jhr diese Reimen führn,
340. Damit die Feder Fechter rürn.
Frisch her, jhr Fedr Fechter last euch sagn,
Ein Buchdruckr hat nechst an geschlagn.
Er hett Bücher gsetzt vnd gelesn.
Das aber S. Marx ein Fechtr sey gwesn.
345. Hett er durchaus gefunden nicht,
Er hielt es nur für ein Geticht.
Er halt auch durchaus nichts dauon,
Das S. Marx wer vnser Patron.

Denn Marcus der Euangelist,
350. Beschreibt Gotts Wort ohn arge list.
Vnd wird dem starcken Lewen vorgleicht,
Dieweil sein Lehr so weit ausreicht.

Ich thu euch aber jetzo eben,
Auff die Frag richtig antwort gebn.
355. Ettliche Keyser an der Zahl,
Dieselben haben allzumahl.
Die Marcusbrüder thun begabn,
Mit Schild vnd Helm, die wir noch habn.
Durch Ritters that von jhn bekomn,
360. Nenten vns Marxbrüder die fromn.

Gaben vns auch die grosse macht,
S. Marx zu führn mit schönem pracht.
Vnd auch den Lewen wol bericht
Das erlangt kein Fedr Fechter nicht.

365. Das sie sich abr des Greiffen rhümn,
Sind sie hierin gar viel zu kühn.
Denn ein Hertzog von Meckelnbergk,
Hat nicht mehr denn einen,[1] dis merck,
Der sich im Fechtn gehalten wol,
370. Geben den Greiff, den er führen sol.
Vnd sonst kein Feder Fechter mehr,
Habn nun mehr des Greiffs kleine Ehr.
Weil sie hierein haben gejrrt,
Vnd sind nicht Priuilegirt.
375. Noch mehr thun sie sich vnderstahn,
Lassen ein offnen Helm machen.
Führen den in jhrem anschlag,
Mein Feder Fechter dis mir sag.
Wo her ist dir die macht gegebn,
380. Wer hat dich gewapnet,[2] sag mirs ebn.
Du wirst nun mehr mit keinem Newn,
Vns vortreiben, den starcken Lewn.
Denn er hat Keyserliche freyt,
Last jhr den Lewen vngeheidt.[3]

385. Also habt jhr den anschlag fein,
Nempt jhn nur recht in sinn hinein.
Wann jhr nun aus rufft ewre Schul,
Lernt diese Vers, vnd braucht sie wol.[4]

Ich schwing mich auff in Gottes glück,
390. In diesem Kampff platz offt vnd dick.
Des Greiffen Gschlecht, mus heint herunter,
Wir Marx brüdr sein fein frisch vnd muntr.
Mit euch zu Fechten ist mein frewd,
Frisch her, jhr Fedr Fechter es ist zeit.
395. Ob man mir gleich wolt jamer sagn,
Wie jhr mir wolt stossen vnd schlagn,

---

[1] wohl Druckfehler für «einem».
[2] = dir ein Wappen verliehen.
[3] d. i. «in Ruhe, ungestört».
[4] die beiden folgenden Abschnitte sind zwei Muster zu Fechtschulreimen, wie ich solche bereits aus einer Nürnberger Handschrift (vgl. s. 156 ff.) mitgeteilt habe.

Ich fürcht nicht, wie wilt jhr mügt sein,
Ist doch ewer Haut so weich als mein.
Werd jhr mich treffn, ich lass geschehn,
400. Werd ich ewer fehln, jhr solts wol sehn.

Ein anders.

Dv edler Lew schwing dein Kraus haar,
Nim dir des Greiffen eben war,
Der mit seim stoltzen muth vnd pracht,
Die gfreyte Marxbrüdr all voracht,
405. Den soltu für dir hawen nidr,
Vnd zu reissen all sein gefidr,
Das jhn sein Gsellen müssen weg tragn,
Die wolln wir auch auff die Köpff schlagn.

Jetzund seid jhr berichtet fein,
410. Ich gdenck jhr werdt zu frieden sein,
Mit der Lehr die ich euch gethan,
Ich wil nun mehr auff vnd dauon.
Braucht nur die Kunst fein Ritterlich,
Ich ziehe dahin, Gott behütt Euch.
415. Ich thu euch hieuor jetzt danck sagn,
Ich hab lan fertig machn den Wagn,
Da farth jhr mit mir in die Stad,
Hab ichs euch doch vor zugesagt,
Ihr dürfft ja eilen nicht so hardt,
420. Itzundt wolln wir sein¹) auff die farth,
Wir fahren gar geschwind hinein,
Ey nun, wann es denn ja sol sein,
So fahre ich mit euch dauon,
Vnd geb dem Kutzschn²) Trinckgelt zu lohn.

425. Nvn Kutzsch, span an, vnd fahr nur sacht,
Wir kommen doch wol nein vor nacht,
GOTT geb vns auff die Reis vil glück,
Hört, wann jhr werdt zihen zu rück,
Vnd seit zum Meister wordn geschlan,
430. So mögt jhr mich frey sprechen an,
Vnd zu mir in mein Haus einkern,
Jch will euch Herbrigen vnd ehrn.
Wil ewer durchaus nicht vorgessn,
Zur notturfft geben trinckn vnd essn.

---

¹) Wohl Druckfehler für «fein».
²) Kutscher.

435. Wil ewer so warten vnd pflegn,
   Darnach euch in ein gut Bett legn.

   Jch sag euch nun mehr grossen danck,
   Für ewer Fuhrwerg, Speis vnd Tranck.
   Als bald ich wider zieh vom Meyn,
440. So kehr ich wider bey euch ein.›
        Christoff Rösener, Meister des Schwerdts.

   Wann wüchsse Laub vnd Gras
   So gschwind als Neit vnd Hass,
   So hetten Schaff vnd Rindr,
   All Jar ein guten Wintr.[1]
                    M. J. F.

Nun folget der Gesang der Ritterlichen Fechtkunst,
jhren Vrsprung, *Fundament*, vnd begriff aller heimligkeit
In der Henne weis Wolfframs, oder Pentzenawers Thon.[2]

   ‹Von Ritterlichen Künsten,
   so wil ich heben an,
   Singen mit der Fechter günste
   wie ichs gelernet han,
5. Bitt auch jhr Meister alle,
   Jhr wolt mich recht vorstan,
   Vnd last euch nicht misfallen,
   was ich getichtet han.

   Mein Schwerd hab ich erhaben,
10. nach Künsten Meisterlich,
   Haw vnten oder oben,
   den rechten brauch treib ich,
   Vnd wil dich auch *probiren*,
   aus rechter Meisterschafft,
15. Schweche vnd sterck vorführen,
   aus rechter Künsten krafft.

-----

[1] Ein altes Sprüchwort, das sich auch in dem ersten gedruckten Fechtbuche von Paurnfeindt (erschienen Wien 1516) vorfindet. Über letzteres vergleiche man die Deutsche Turnzeitung von 1864, S. 353 f.

[2] Eine Art Meisterlied der Fechterkunst. Das Gedicht ist im Originaldruck fortlaufend gedruckt; erst Wassmannsdorff hat in seiner Ausgabe, und wohl mit Recht, die Verse in einzelne Strophen gegliedert und abgeteilt.

Wem muth zu fechten were,
der neme sein Schwerd in die hand,
Das Wort (in des) schneit sehre,
20. dem es ist recht bekandt,
Vnd wer erschrickt gerne,
das ist mein bester Rath,
Das er nicht Fechten lehrne,[1]
denn es übel anstath.

25. Nun merckt (in des) das Worte,
da alle Kunst an ligt,
Zornhaw der geht mit orte,
behend aus langer schneid,
Aus Gülden kunst ich treibe,
30. den Flügel ins hangend orth,
Jm Triangel nicht bleibe,
des Püffels nicht erwart.

Dabey soltu auch mercken,
die zwey vor vnd nach,
35. Darzu schweche vnd stercke,
einlauffen sey dir nicht jach,
Dein Schwerd zu beiden henden,
Die Zeckruhr nicht verlass,
Treib die stück behende,
40. so findestu jhn blos.

Scheitelhaw der Kunst ortte,
den Schilhaw nicht durch lauff,
Vnd die eiserne Pforte,
fürbas so merck auff,
45. Wiltu von dannen tragen,
den Meisterlichen Krantz,
Vier hutten[2] mustu haben,
gehören auch an Tantz.

Die wil ich dir jetzt nennen,
50. so soltu sein bericht,
Ochs, Alber, Pflug, lern kennen,
Von Dach[3] auch nicht vornicht,

---

[1] Benutzung eines alten Fechtersprüchwortes:
«Erschrickstu gern
Kein Fechten lern.»
durch den Verfasser des Liedes.
[2] = huoten, zu ‚hüten' gehörig; es sind Paradeauslagen oder Defensivhiebe.
[3] = Tag.

Die viere soltu fechten,
vnd dauon halten allein,
55. So hastu die Gerechten,
vnd pfleg die in gemein.[1]

Viere sind die vorsetzen,
vnd vier blos[2] an den man,
Die viere auch sehre letzen,[3]
60. ein stück heist man die Kron.
Wiltu dieselb vortreiben,
nim den Schnid für die Hand,
Die Kron mag nicht lang bleiben,
ist dir der Schnit bekand.

65. Der Krumphaw ist noch hinden,
die zwerch vnd auch der schnit,
Im *Dupliren* lerne finden,
Mutiren nim auch mit,
Durch wechssel ich dir sage,
70. trit nahend an den Bund,
Weiter darffst du nicht fragen,
wiltu nicht werden wund.

Durch fehler[4] ich dir rathe,
die hengen hab in Hutt,
75. Das sprechfenster so drate,
einwinden ist auch gut.
Von beidn seittn absetze,
sein schwerd mit deinem Schild,
Nach reisen auch sehr letzet,
80. der gegen dir ist mildt.[5]

Ob man wird weiter fragen,
wer das gedichtet hat,
Das darff man jhm nachsagen,

---

[1] Vgl. dazu aus Liechtenauer's Fechtregeln (Handschrift des germ. Mus. in Nürnberg vom Jahre 1389) die Reime über die Auslagen mit dem Schwerte:
«Vier leger allein
Dauon haltu, fleuch die gemein
Ochs pflug alber
Vom tag sein dir mit (nit?) vnmer.»
[2] = Blössen.
[3] = verletzen.
[4] = Finten, Trughiebe.
[5] Dafür ist wohl besser «wild» zu lesen.

Er heist der Paulus Roth,
85. Das Lied das thut er schencken,
Eim Fechter wolgemuth,
Christoff Rösener zu gedencken,
der nams von jhm vor gut.

Vnd solt er alles rechnen,
90. was in der Kunst mag sein,
Sein Kopff möcht er zerbrechen,
Er trinckt gerne Wein,
Er bitt die Edelen Fechter,
woln jhm nicht für übel han,
95. Ob er jhn nicht thet rechte,
dann er nicht tichten kan.»

Ende.

---

*Vnderrichtungen auch nützliche anweisungn des Fechtens,
sampt dem gantzen* Fundament *im Dusacken.*

«*Mit dieser Wehr reich weit vnd lang,
Dem Haw für sich vberhang,
Mit deinem Leib, darzu tritt ferr,
Dein Haw führ gwaltig vmb jhm her,*
5. *Zu all vier enden, las die fliegen,
Mit geberden, zucken, kanst jhn btriegen,
Jn die sterck soltu vorsetzen,
Mit der schwech zu gleich jhn letzen,
Auch neher soltu kommen nicht*
10. *Dann das jhn langest mit eim tritt.
Wann er dir wolt einlauffen schier,
Das vorder orth, treibt jhn von dir,
Wer er dir aber glauffen ein,
Mit greiffen, ringn, der erst solt sein.*
15. *Der sterck vnd schwech nim eben war,
Jn des, die blös, macht offenbar,
Jm vor, vnd nach, darzu recht trit,
Merck fleiszig auff die rechte zeit,
Vnd las dich bald erschrecken nicht!*»[1)

Ende.

[1) Dieses Stück ist ein mit ganz wenigen und geringfügigen Veränderungen dem Joachim Meyer'schen Fechtbuche vom Jahre 1570 entnommener Fechtzettel, eine Anleitung zum Fechten mit dem Dussack.

[Auf dem nächsten, letzten Blatte des Druckes steht das Wappen der kurfürstlichen Stadt Dresden in Holzschnitt mit der Jahreszahl 1584; darunter stehen die Worte:]

Gedruckt in der Churfuerstlichen Stad Dreszden, durch
Gimel Bergen.
ANNO 1589.

Nr. IX. Die Fechterfabel aus Burkhard Waldis' Fabelsammlung „Esopus".

(Vgl. Ausgabe von H. Kurz [Leipzig 1862.]: Das vierdte Buch der Fabeln Esopi, hat Hundert newer Fabeln. Nr. 72. Bd. II. s. 176/7.)

Die LXXII. Fabel.

Von zweien Fechtern.

<Ein Fechter, war einr von den Alten,
Der het lang offne Schul gehalten,
Ir viel gelert, welch waren lerig
Vnd derselbigen Kunst begerig.
5. Die vnterrichtet er mit fleiss:
Des het er grossen lob vnd preiss.
Da war einr von denselben Gsellen,
Der thet der Kunst fleissig nachstellen,
Vnd an denselben Meister bgern,
10. Das er jn wolt in allen wehrn
Als leren, was er selber wůst,
Was man zum ernst auch brauchen můst.
Das thet der Mann on alle arg,
Nichts vberall vor jm verbarg.
15. Wie er die Kunst hett wol gefasst,
Hub an vnd seinen Meister hasst,
Vnd bot jm auss vor Herrn vnd Knechten,
Vmb leib vnd leben mit jm zfechten
In wehren, welch jm selb beliebt:
20. Des sich der alt Mann sehr betrůbt.
Sahe, das er jm mit lauffen, ringen
Zu fertig war vnd mit dem springen.
Jedoch dorfft ers nit schlagen ab,
Vnd sich willig darinn begab.
25. Am morgen kamens auff den platz,
Legten sich zamen in den hatz.
Wie sie theten den ersten gang,
Der jung Gsell auff den alten drang,

Ein scharpffes schwerd gegen jm zuckt;
30. Der alt Mann vber ein seiten ruckt,
Vnd sprach: ‹das ist vor nie geschehen,
Habs auch nie auff keiner Schul gesehen,
Ward auch so nit bewilligt nechten,
Das ich gegen ewr zwen solt fechten.
35. Hercules solt gnug zschaffen han,
Wenn er solt zwen zugleich bestahn.›
Der Gsell wendt sich on als gfehr,
Wolt sehen, wer sein helffer wer;
Baldt war der alt Mann nahe bey
40. Vnd schlug jm seinen kopff entzwey.
Wer einen zucht vnd Kůnste lehrt,
Ist werdt, das man jn wider ehrt.
Wenn man sich auch auffs hőchst befleisst,
All wolthat, zucht vnd ehr beweisst,
45. Doch kan man nimmer oder selten
Eim trewen Lehrer widergelten.
Man sol, wie die Gesetz anzeigen,
Die knie vor einem alten beygen.
Ob gleich ein junger Mann mit sterck
50. Aussrichten kan gross, herrlich werck,
Dennoch er stets ein guten rath
Bey den alten zu suchen hat.›

**Nr. X. 2 Fechtergeschichten aus Johann Pauli's Schwanksamm-
lung „Schimpf*) und Ernst". (1519.)**

Vgl. Ausgabe von H. Österley, Bibl. des Stuttg. Litt. Ver.. Bd. 85.
[Stuttgart 1866.] s. 198/9.)

1.)

Von schimpff das CCCXI.

‹Es was ein schirmeister der het in vil stetten schůl gehalten, vnd gůte schůler gemacht, schirmeister, ab einer was
vberusz gůt, vnd erhůb sich mit Lucifer, er wolt seinem meister
nichtz entfor geben, ie das sie einander vszbutten, vmb das leben
5. zů fechten, vnd solt ieglicher bruchen was er kůnt, vnd alle seine
kunst. Sie kamen vff dem blatz zůsamen, vnd machten ir spiegelfechten, wie man dan thůt, da sie schier zůsamen kamen, da

---

*) d. h. Spass, Scherz.

hielt der meister sein schwert stil, vnd sprach zů seinem schůler. Es ist nit geret worden das ich mit zweien sol fechten. Dieser
10. lůgt hindersich wer im helffen wolt, vnd dieweil er hindersich lůgt, da sprang der meister herzů, vnd schlůg im den kopff ab, vnd sprach, den streich hab ich dich noch nit gelert. Diser meister hat gethon wie der in dem nechsten gesagten exempel, das ein meister im alwegen sol etwas behalten das er seine schůler nit leren sol.»

2.)

Von ernst das CCCXII.

«Vf ein mal hetten zwen meister auch etwas mit ein ander zů schaffen, das einer den andern vsz bot zů kempfen, vnd mit gottes hilff wolt er in beston das er recht het. Der ander sprach, mit hilff meines brůders so wil ich dich beston. Da der tag des
5. kampffs kam, da kam der ein mit seinem gewer, vnd bracht seinen brůder mit im. Der erst sprach, das ist nit geret worden nach des lands sitten noch gewonheit das zwen sollen fechten wider ein vnd einer wider zwen, heisz dein brůder ab tretten. Da sprach er nein, euwer sein zwen so sein vnser auch zwen,
10. es ist got vnd du so ist es mein brůder vnd ich, vnd sein zwen wider zwen, wan du hast gesprochen, du woltest mich mit gotes hilff beston, da sprach ich, ich wolt dich beston mit meins brůders hilff. Also aber, vbergib du gotes hilff, der dein gesel ist, so wil ich meines brůders hilff auch vbergeben. Er wolt
15. gottes hilff nit vbergeben, da wolt der ander seins gesellen hilff auch nit vbergeben. Also giengen sie wider heim, vnd ward nichtz darusz.»

Anhang.

Verzeichnis der benutzten Schriften und Werke.

Abt. Fechterspiele und Fechtschulen in Deutschland. Vgl. J. G. Büsching's wöchentl. Nachrichten u. s. w., Bd. III, Breslau 1817.

Ambros. Geschichte der Musik. Breslau 1864.

J. v. Arx. Geschichte des Kantons St. Gallen. St. Gallen 1810.

Fr. Auer. Das Stadtrecht von München. München 1840.

Avé-Lallemant. Das deutsche Gaunertum. Leipzig 1858—1862.

J. Baader. Ordnung der Federfechter zu Prag. Anzeiger des Germ. Mus., Bd. 12, 1865.

J. Bächtold. Geschichte der deutschen Litteratur in der Schweiz. 1892, Frauenfeld.

Barre. Die Brüderschaft der Pfeiffer im Elsass. Colmar 1873.

K. Bartsch. Die Meisterlieder der Colmarer Handschrift. Bibl. d. Stuttg. litt. Vereins, Bd. 68, 1862.

— Deutsche Liederdichter des 12. bis 14. Jahrhunderts. Leipzig 1864.

— Die Schweizer Minnesänger. Frauenfeld 1886.

Benecke. Wörterbuch zu Hartmann's Iwein. (2. Ausgabe von Wilken). Göttingen 1874.

Beneke. Von unehrlichen Leuten.[2]) Hamburg 1889.

Benecke-Müller-Zarncke. Mittelhochdeutsches Wörterbuch.

J. Bintz. Die Leibesübungen des Mittelalters. Gütersloh 1880.

J. Bolte. Das Danziger Theater im 16. und 17. Jahrhundert. Theatergeschichtliche Forschungen, Bd. XII, Hamburg 1895.

K. Burdach. Reinmar der Alte und Walther von der Vogelweide. Leipzig 1880.

Du Cange-Henschel. Glossarium mediae et infimae latinitatis. Niort 1883, Tom. II, III.

Diez. Poesie der Troubadours. 2. Auflage von Bartsch. Leipzig 1883.
— Leben und Werke der Troubadours. 2. Auflage von Bartsch. Leipzig 1882.
K. Drescher. Die Nürnberger Meistersingerprotocolle von 1575 bis 1689. Bibl. des Stuttg. litt. Vereins. Bde. 213, 214, 1897.
A. Erichson. Das Duell im alten Strassburg. 1898.
Fechtbüchlein von J. Schmied-Kowarzik und H. Kufahl. Leipzig 1894.
E. Förstemann. Sammlung von Strassennamen. Germania, Bde. XIV, XV und XVI.
Freymond. Jongleurs et Ménéstrels. Halle 1883.
G. Freytag. Bilder aus der deutschen Vergangenheit. Bd. I. Leipzig 1867.
— Neue Bilder aus der deutschen Vergangenheit.
Fries. Abhandlung vom sogenannten Pfeiffergericht. Frankfurt a. M., 1752.
K. Gödeke. Pamphilus Gengenbach.
E. Goetze. Das Wappen der Meistersinger. Archiv für Litteratur-Geschichte. Bd. V.
J. Grimm. Deutsche Rechtsaltertümer. [8]) Göttingen 1881.
— Über den altdeutschen Meistergesang. Göttingen 1811.
J. und W. Grimm. Deutsches Wörterbuch.
W. Grimm. Deutsche Heldensage. 1864.
— Deutsche Wörter für Krieg. Kleinere Schriften, Bd. III. Berlin 1883.
Haltaus. Glossarium germanicum medii aevi. Lipsiae 1758.
L. Haltaus. Liederbuch der Clara Hätzlerin. Leipzig 1840.
J. H. Heitz. Die Herren von Rappoltstein und das elsässische Pfeiffergericht. Stöber's Alsatia 1856/57.
— Das Kesslerlehen der Herren von Rathsamhausen. Alsatia 1853.
W. Hertz. Spielmannsbuch. Stuttgart 1886.
A. Holtzmann. Meistergesänge des XV. Jahrhunderts. Germania, Bd. III, 1858.
Hüllmann. Städtewesen des Mittetalters. Bonn 1829.
Fr. L. Jahn. Deutsche Turnkunst. Berlin 1816.
H. Jördens. Lexicon deutscher Dichter und Prosaisten. Bd. III, Leipzig 1808.
Karajan. Heinrich der Teichner. Wien 1855.
A. Köhler. Über den Stand berufsmässiger Sänger im nationalen Epos germanischer Völker. Germania Bd. XV.
M. Lexer. Mittelhochdeutsches Wörterbuch.
F. Liebrecht. Zur Volkskunde. Heilbronn 1879.

Lochner. Zur Geschichte der Fechtschulen in Nürnberg. Anzeiger d. Germ. Mus., Bd. VII, 1860.

Fr. Majer. Geschichte der Ordalien. Jena 1795.

San Marte. Zur Waffenkunde des älteren deutschen Mittelalters. Leipzig 1867.

E. Martin. Die Meistersänger von Strassburg. (Vortrag). Strassburg 1882.

Mone. Zeitschrift für Geschichte des Oberrheins. Bd. IX.

Daniel Georg Morhofen's Unterricht von der teutschen Sprache und Poesie etc. Lübek 1700.

K. Müllenhoff. Sagen, Märchen und Lieder aus Schleswig-Holstein. Kiel 1845.

— Über den Schwerttanz. Festgaben für Homeyer. Berlin 1871.

Joh. von Müller. Geschichte der schweizerischen Eidgenossenschaft.

Muratori. Antiquitates Italicae medii aevi. Tom. II.

E. Osenbrüggen. Neue kulturhistorische Bilder aus der Schweiz. 1864.

— Studien zur deutschen und schweizerischen Rechtsgeschichte. 1868.

H. Paul. Grundriss der germanischen Philologie.[1]) Bd. II.2). Strassburg 1893.

Percy. Reliques of ancient english poetry. London 1856.

Piper. Die Spielmannsdichtung. Berlin 1887.

O. Plate. Die Kunstausdrücke der Meistersinger. Strassburger Studien. Bd. III. Strassburg 1888.

A. Reissmann. Illustrierte Geschichte der deutschen Musik. Leipzig 1881.

v. Richthofen. Friesische Rechtsquellen. Berlin 1840.

La Rue. Bardes et Jongleurs. Caen 1834.

Sachsenspiegel. (Ed. Homeyer). Berlin 1840.

Joh. Friedr. Scheid. Dissertatio inauguralis de jure in musicos singulari germanico etc. Argentorati 1719.

W. Scherer. Geschichte der deutschen Dichtung im 11. und 12. Jahrhundert.

— Deutsche Studien. Bd. I. Wien 1870.

Scherz-Oberlin. Glossarium germanicum.

A. Schlosser. Östreichische Cultur- und Litteraturbilder. Wien 1879.

A. Schmeller. Bayerisches Wörterbuch. München 1872.

Joh. Christoph v. Schmid. Schwäbisches Wörterbuch.2) Stuttgart 1844.

Schmidt. Die Gesetze der Angelsachsen.

L. Schneegans. Die unterbrochene Fechtschule. Stöber's Alsatia. 1853.

Fr. Schnorr von Carolsfeld. Zur Geschichte des deutschen Meistergesanges. Berlin 1872.

Schroer. Meistersinger in Östreich. Vgl. Bartsch, Germanistische Studien. Bd. II. Wien 1875.

Alwin Schultz. Höfisches Leben zur Zeit der Minnesinger.[2]) 1889.

Schwabenspiegel. (Ed. Wackernagel).

Schweizer-Sidler. Tacitus, Germania. Halle 1874.

K. Simrock. Der Wartburgkrieg. I. Teil. Das Streitgedicht. Stuttgart 1858.

Stephens. Geschichte der wälschen Litteratur.

J. Stosch. Der Hofdienst der Spielleute im deutschen Mittelalter. Berlin 1881.

Strobel. Geschichte des Elsasses. Strassburg 1841.

Tobler. Spielmannsleben im alten Frankreich. Im Neuen Reich. 1875.

L. Uhland. Zur Geschichte der Dichtung und Sage. Bde. II, III.

Fr. Vogt. Leben und Dichten der deutschen Spielleute im Mittelalter. (Vortrag). Halle 1876.

W. Wackernagel-Martin. Geschichte der deutschen Litteratur.[2]) Basel 1879. Bd. I.

Joh. Christoph Wagenseil. De Sacri Romani Imperii libera Civitate Noribergensi Commentatio. Altorf 1697.

— Von der Meistersinger holdseligen Kunst etc. Altorf 1697.

Warton. History of English Poetry, edited by Price. London 1840. Vol. I, II.

K. Wassmannsdorff. Sechs Fechtschulen der Marxbrüder und Federfechter etc. Heidelberg 1870.

— Aufschlüsse über Fechthandschriften und gedruckte Fechtbücher des 16. und 17. Jahrhunderts. Berlin 1888.

K. Weinhold. Die deutschen Frauen im Mittelalter.[2]) Wien 1882. Bd. II.

v. Westenrieder's historische Beiträge. Bd. V. München 1794.

Wilda. Das Strafrecht der Germanen.

K. Wilmanns. Leben und Dichten Walther's von der Vogelweide. Bonn 1882.

O. Wittstock. Über den Schwerttanz der Siebenbürger Sachsen. Vgl. Philologische Studien. Festschrift für E. Sievers. Halle 1896.

A. Witz. Versuch einer Geschichte der theatralischen Vorstellungen in Augsburg. 1876.

F. Wolf. Über die Lais, Leiche und Sequenzen.

G. Zappert. Über das Fragment eines Liber dativus. Sitzungsberichte der kais. Akademie der Wissenschaften. Phil. hist. Classe. Bd. XIII. Wien 1854.

Fr. Zarncke. Sebastian Brant's Narrenschiff.

A. Zeerleder. Die Berner Handveste. Berner Jubiläumsschrift.
    Bern 1891.

J. v. Zingerle. Die Wiltener Meistersängerhandschrift. Sitzungs-
    berichte der Akademie der Wissenschaften. Phil. hist. Classe.
    Bd. 37, Heft 4. Wien 1861.

— Die Reiserechnungen Wolfger's von Ellenbrechtskirchen. Heilbronn
    1877.

Inhalts-Übersicht.

— 207 —

8) Hans Sachsen's: Fechtspruch, Ankunfft und Freyheit der Kunst von 1545. (Abdruck nach Wassmannsdorff.) S. 178—184.

9) Die Fechterfabel aus Burkhard Waldis' Fabelsammlung ,Esopus'. S. 197 f.

10) Zwei Fechtergeschichten aus Johann Pauli's Schwanksammlung ,Schimpf und Ernst' von 1519. S. 198 f.

———

Anhang. Verzeichnis der benutzten Schriften und Werke. S. 200 ff.

Inhaltsübersicht. S. 205 ff.

www.ingramcontent.com/pod-product-compliance
Lightning Source LLC
Chambersburg PA
CBHW050325110726
47899CB00007B/2381